SECRÉTAIRES, COMMUNIQUEZ MIEUX EN ANGLAIS

SECRETARIES, COMMUNICATE BETTER IN FRENCH

DES MÊMES AUTEURS
CHEZ LE MÊME ÉDITEUR

- ***Négocier en anglais comme en français / Negotiate in French as well as in English***

A paraître :

- ***Conduire une réunion en anglais comme en français / Chairing meetings in French as well as in English***

- ***Intervenir dans une réunion en anglais comme en français / Taking the floor in meetings in French as well as in English***

Dessins de J.D. CAILLOUET

Achevé d'imprimer en février 1992
ISBN : 2-7081-1309-7

Bénédicte LAPEYRE • Pamela SHEPPARD

SECRÉTAIRES, COMMUNIQUEZ MIEUX EN ANGLAIS

SECRETARIES COMMUNICATE BETTER IN FRENCH

édition bilingue

LES ÉDITIONS D'ORGANISATION

Contents

Sommaire

Introduction

Today, more than ever before, it is essential to be able to speak foreign languages. Each of us must prepare to take up the challenge of 1992. For a secretary [1], fluency in French and English is a big plus point. If you look pleasant and well-groomed and have good secretarial qualifications, you will find a job, but a foreign language will provide that competitive edge which will enable you to get a more interesting post with a higher wage and better prospects for promotion.

The aim of this book is to help you to communicate confidently in your job. This will benefit both you and your employer. You will find here the essential vocabulary and expressions you need in the different situations of professional life. You will also find arguments for defending your viewpoint.

This bilingual book is easy to use. It has ten chapters, each one presenting situations that you will encounter in your working life, ranging from your first job to the social side of professional life (farewell parties and birthdays). Tests with answers are supplied to check your knowledge of the expressions.

We have translated literally whenever possible but our primary concern has been to respect the authenticity of each language.

1. Although men are joining the profession, women are still more numerous. We will therefore refer to the secretary as « she ».

Introduction

Aujourd'hui plus que jamais il est nécessaire de parler plusieurs langues. Pour faire face au défi de 1992, chacun doit se préparer. La maîtrise du français et de l'anglais assurera un avantage à celle [1] qui la possède. Une bonne présentation, une formation sérieuse vous permettront de trouver du travail, une deuxième langue vous donnera la chance d'être choisie pour les postes les plus intéressants, d'obtenir une rémunération plus élevée et des perspectives de promotion plus rapide.

Ce livre vous donnera les moyens de communiquer aisément dans les relations professionnelles. Le bénéfice rejaillira non seulement sur vous, mais aussi sur celui qui vous emploie. Vous trouverez les phrases et les expressions à utiliser dans les différentes situations de la vie professionnelle. Vous y trouverez également les arguments à développer pour défendre votre point de vue.

Ce livre est d'un usage très facile. Il se compose de dix chapitres bilingues. Chacun d'eux reprend une situation que vous serez amenée à rencontrer dans le milieu où vous travaillez, depuis votre premier emploi jusqu'aux relations socio-professionnelles (verres d'adieu, anniversaires). Des tests auto-correctifs ont été placés à la fin du livre pour vérifier vos connaissances.

Dans la mesure du possible la traduction littérale a été respectée, mais nous avons voulu, avant tout, garder l'authenticité de la langue.

1. Bien qu'on trouve de plus en plus d'hommes dans la profession, les femmes restent les plus nombreuses, aussi avons-nous décidé d'employer le féminin.

Chapter 1

Introducing yourself

The way you introduce yourself is very important in both professional and social life. Outside the office the first impression you give will only affect you, but in the office, both the company and the department you work for stand to lose or gain. This is why it is worth giving it careful consideration. The first aim in speaking is to be understood. This sounds like a statement of the obvious. Nevertheless many people are too worried about what they are trying to say and thus forget about how they are saying it. They forget that rhythm and speed of delivery are important for intelligibility.

You should therefore be careful to speak clearly and distinctly, without overdoing it, of course. Try to look natural and confident, but not overconfident. Try to control your breathing. This in turn helps to counteract nerves.

Bearing this advice in mind, let us look at situations in which you will have to introduce yourself.

In everyday office life, introducing yourself simply involves giving your name and the reasons for your visit. Introducing oneself at a job interview is far more complex. Most of this chapter will therefore be devoted to this particular situation.

Chapitre 1

Se présenter

La présentation joue un rôle très important dans la vie, qu'elle soit personnelle ou professionnelle. Dans la vie personnelle elle n'engage que vous, mais dans la vie professionnelle, c'est la maison qui vous emploie ou le service pour lequel vous travaillez qui en supportera les conséquences. C'est pourquoi il faut y attacher un soin particulier. Vous parlez d'abord pour être comprise. Cela semble une évidence, pourtant nombreux sont ceux qui, trop occupés par ce qu'ils cherchent à dire, négligent la forme, le débit et le rythme.

Veillez donc à parler clairement, distinctement sans exagération. Donnez l'impression de naturel et d'aisance mais évitez cependant de montrer une trop grande assurance. Essayez de contrôler votre respiration. Cela vous aidera à combattre la nervosité.

Après ces quelques conseils, passons aux occasions où vous aurez à vous présenter.

Dans la vie courante, se présenter consiste essentiellement à donner son identité et les raisons de sa visite. Cela devient beaucoup plus complexe s'il s'agit de se présenter en vue de trouver un emploi, et c'est pourquoi nous allons y consacrer la plus grande partie de ce chapitre.

A) IN EVERYDAY OFFICE SITUATIONS

• *Hello. I'm * Anne Dulac.*

• *I'm Pierre Dupond.*

• *My name is Peters, Mrs.... sent me / Mrs.... recommended you / I'm from Font.*

✓ • *I was told I could get the minutes of the meeting held on the ... here*

• *I work in the Wages Department.*

• *I'm Mr. Smith's secretary.*

• *I'm Mr. Smith's assistant, I've come for the documents / I've come to pick up the forms / the index cards / the file / dossier.*

B) AT THE JOB INTERVIEW

First of all, give your name and say why you have come. Your aim is to convince the interviewer that you are the right person for the job, and, if this is not the case, that you could become that person in a very short time, if you were given the chance. This is a far more complex task as you will have to include information about your training, your professional experience, your aptitudes and your likes and dislikes.

Here are a few expressions to help you :

• *Anne Delalande.*

• *My name is Anne Delalande.*

• *Good morning. I'm Anne Delalande. I have an appointment with Mr. Smith.*

• *I saw your advertisement in Le Monde and I've come about the secretarial post.*

• *I rang yesterday and I was asked to come at nine o'clock. I'm very interested in the secretarial post as advertised.*

---

* N.B. In spoken English contractions are common. In written or very formal spoken English long forms are required.

A) DANS LA VIE COURANTE

• *Anne Dulac.*

• *Pierre Dupond.*

• *Mon nom est Peters, je viens de la part de Mme... / Mme... m'a donné votre nom / je suis envoyée par les établissements Font.*

• *On m'a dit que je pourrais trouver ici le compte rendu de la réunion du...*

• *Je travaille dans le service Traitements et salaires.*

• *Je suis la secrétaire de M. Smith.*

• *Je suis l'assistant de Mme Smith, je viens pour les documents / chercher les formulaires / les fiches / le dossier.*

B) LORSQUE VOUS CHERCHEZ UN EMPLOI

Vous devez commencer par donner votre nom et les raisons de votre présence. Vous devez convaincre votre interlocuteur que vous êtes la personne idéale pour le poste et, si ce n'est pas le cas, que vous pourriez le devenir très rapidement si on vous donne votre chance. Il s'agit d'une présentation plus complète qui englobera votre formation, votre expérience professionnelle, vos aptitudes et vos goûts.

Voici quelques phrases qui vous aideront :

• *Anne Delalande.*

• *Mon nom est Delalande / Je m'appelle Anne Delalande.*

• *Bonjour, Je m'appelle Anne Delalande. J'ai rendez-vous avec M. Smith.*

• *J'ai lu votre annonce dans Le Monde et je viens pour le poste de secrétaire.*

• *J'ai téléphoné hier et on m'a demandé de venir à 9 h. Je suis très intéressée par le poste de secrétaire que vous offrez.*

N.B. En anglais parlé, les formes contractées sont courantes, à l'écrit ou dans la langue formelle les formes complètes sont requises.

1) Professional background

• *As I indicated in my CV* (curriculum vitae), *I have been working for Eurolud for five years.*

• *I've got O and A Levels*[1] */ a secretarial diploma / clerical qualifications / accounting qualifications,* etc.

• *I studied in London / Paris / I did part of my studies abroad.*

• *Unfortunately, I did not have the opportunity to carry on with my studies after leaving school.*

• *Unfortunately, I did not have the good fortune to go to university.*

• *I did a shorthand course / a typing course / a secretarial course at ...*

• *I passed / took my O Levels in 1985.*

• *After my O Levels / I worked as a secretary / as a temp / full-time / part-time / half-time.*

• *After my A Levels, I worked as a temp / I found a secretarial post / I found a clerical job / first of all, I worked in a bank for two years, and then / and after that I moved to Bordeaux / to the suburbs...*

If you have no qualifications, but are perfectly capable of performing certain tasks, it is up to you to show yourself in the best possible light. If you do not have a lot of experience or if you do not know the job very well yet, it does not necessarily mean that you will not get the job. Make it clear that you are well-organised, methodical, tidy, patient and punctual – in short, that you have all the qualities of a good secretary.

• *My employers have always been very satisfied with my work.*

• *I didn't give my previous employers any cause for complaint.*

1. The names of diplomas have not been translated.

1) Votre formation

• *Comme je l'indiquais dans mon C.V.* (curriculum vitae), *je travaille depuis cinq ans chez Eurolud.*

• *J'ai un C.A.P. / un B.E.P.* [1] */ un B.T.S. de secrétariat / un diplôme d'employé de bureau / un diplôme de comptabilité,* etc.

• *J'ai fait mes études à Londres / Paris / une partie de mes études à l'étranger.*

• *Malheureusement, je n'ai pas eu la possibilité de faire des études.*

• *Malheureusement, je n'ai pas eu la chance de faire des études.*

• *J'ai suivi un cours de sténo / de dactylo / de secrétariat à ...*

• *J'ai obtenu / j'ai passé mon C.A.P. en 1985.*

• *Après mon certificat d'étude / mon brevet, j'ai travaillé comme secrétaire / comme intérimaire / à temps plein / à temps partiel / à mi-temps.*

• *Après mon bac (baccalauréat), j'ai fait des remplacements / j'ai trouvé un emploi de secrétaire / une place d'employée de bureau / j'ai d'abord travaillé dans une banque pendant deux ans / ensuite / puis j'ai déménagé / je me suis installée à Bordeaux / en banlieue...*

Vous n'avez peut-être pas de diplômes, mais vous êtes parfaitement capable d'effectuer certaines tâches, à vous de savoir vous mettre en valeur. Si vous n'avez pas beaucoup d'expérience ou si vous ne connaissez pas encore très bien votre métier, tout n'est pas perdu, montrez que vous avez les qualités requises pour devenir une bonne secrétaire : ordre, méthode, soin, patience, ponctualité.

• *J'ai toujours donné satisfaction.*

• *Mes supérieurs n'ont jamais eu à se plaindre.*

1. Les noms des diplômes n'ont pas été traduits.

2) Your tasks

- *I take shorthand.*
- *I can use a database.*
- *I have experience with a database.*
- *I have computing skills.*

If you have just got your diploma, you can give your typing speed i.e. number of words per minute. If you are not sure of your speed, you can say:

- *With a little practice I think I can type x words a minute.*

- *When I was working for / at Total / at U.A.P. / at the Commission of the European Communities / I dealt with the filing / I was responsible for the accounts / I had to sort the mail / I had to write the minutes / I had to answer inquiries from customers / I had to organise meetings / I had to check the accounts, etc.*
- *Occasionally I had to / I have to (if you are still working)...*

- *My job entails typing letters / answering the phone / liaising / co-ordinating with the different departments.*
- *My job is a routine job / a monotonous job / varied / interesting / demanding,* etc.

3) You

- *I'm single.*
- *I'm married.*
- *I'm divorced.*
- *I have no children.*
- *I have two children, aged five and nine / and they are five and nine / one is five years old and the other nine.*

2) Vos tâches

- *Je peux prendre en sténo / Je connais la sténo.*
- *Je tape à la machine.*
- *Je peux utiliser une base de données.*
- *Je connais l'informatique.*

Si vous venez d'obtenir votre diplôme, vous pouvez indiquer votre vitesse de frappe : nombre de mots minute. Si vous n'êtes pas sûre de vous, ajoutez :

• *Avec un peu d'entraînement, je pense que je peux taper x mots minute.*

• *Quand je travaillais chez Total / à l'U.A.P. / à la Commission des Communautés européennes, je m'occupais du classement / j'étais chargée de la comptabilité / je devais trier le courrier / classer le courrier / établir des comptes rendus / répondre aux clients / organiser des réunions / vérifier les comptes,* etc.

• *Il m'arrivait ou il m'arrive* (si vous travaillez toujours) *de ...*

• *Mon travail consiste à taper des lettres / à répondre au téléphone / à assurer la coordination des différents services.*

• *Mon travail est routinier / monotone / diversifié / varié / intéressant / prenant,* etc.

3) Vous

- *Je suis célibataire.*
- *Je suis mariée.*
- *Je suis divorcée.*
- *Je n'ai pas d'enfants.*

• *J'ai deux enfants de 5 et 9 ans / âgés de 5 et 9 ans / ils ont 5 et 9 ans.*

Generally speaking, employers are not happy to learn about children. If this is the case, do not hesitate to reassure them about your child-care arrangements :

• *Fortunately, my parents / my parents-in-law are at home / are retired / have stopped working, so they can help me, if there are problems or if the children are ill.*

• *I adapt easily.*

• *I can adapt.*

• *I can work alone or in a team.*

• *I like working with people.*

• *I'm willing to learn. I would like to learn.*

• *I'm looking for a more dynamic company.*

• *I'm willing to work hard.*

• *I'm willing to travel / to go on business trips to visit other branches.*

• *I'm discreet and trustworthy.*

• *I'm very reliable.*

References :

• *If you would like more information / further information about me, you may contact Mr. Dumont.*

• *Mr. Thomson has agreed to act as a referee.*

• *Mr. Thomson has agreed to give me a reference / a testimonial.*

Availability :

• *I can start ~~straightaway~~.*

• *I won't be free until 1 June* (say : the first of June).

• *I can be free at very short notice.*

• *I'm unemployed.*

• *At present, I'm out of work.*

Salary :

• *My gross / net salary is ... a year, with an end-of-year bonus / with a thirteenth month / with a commission on sales / with a profit sharing scheme.*

Les enfants sont en général un facteur de soucis pour l'employeur, si c'est le cas, n'hésitez pas à le rassurer :

- *Heureusement, mes parents / mes beaux-parents sont à la maison / à la retraite / ne travaillent plus, ils peuvent m'aider en cas de problèmes ou en cas de maladie.*
- *Je m'adapte facilement.*
- *Je sais m'adapter.*
- *Je peux travailler seule ou en équipe.*
- *J'aime les contacts.*
- *Je suis prête à apprendre. Je peux apprendre.*
- *Je cherche une entreprise plus dynamique.*
- *Je suis prête à travailler plus.*
- *Je suis prête à voyager / à me déplacer / à aller en mission, dans une succursale de province.*
- *Je suis discrète, fiable.*
- *On peut compter sur moi.*

Références :

- *Si vous voulez avoir plus d'informations / des renseignements complémentaires à mon sujet, vous pouvez contacter M. Dumont.*
- *M. Thomson est prêt à vous donner des références.*
- *M. Thomson a bien voulu me donner un certificat.*

Disponibilité :

- *Je peux commencer tout de suite.*
- *Je ne suis pas libre avant le 1er juin.*
- *Je peux me libérer très rapidement.*
- *Je suis au chômage.*
- *Actuellement, je suis sans emploi.*

Salaire :

- *Mon salaire brut / net est de ... par an, avec une prime de fin d'année / plus un treizième mois / avec un pourcentage sur les ventes / avec un intéressement aux bénéfices.*

If you are asked why you want to change your job, you can say :

- *The company I work for is closing down / has gone bankrupt / has filed a bankruptcy statement / is going to be taken over by...*
- *The atmosphere was not very good.*
- *I wanted to move to Paris / London / closer to my family.*

- *I was spending too much time commuting / getting to and from work.*

4) Responding

- *I'm very interested.*
- *That suits me.*
- *I accept.*
- *I think we agree.*
- *Fine. I'll start next week.*
- *I must think about it.*
- *Could I ring you tomorrow ? I need some time to think about it. I'll let you know tomorrow.*
- *I must admit I'm a little disappointed. I was hoping for a little more.*
- *Are there any fringe benefits ?*
- *What is the basic salary ?*
- *What is the starting salary ?*
- *What are the career prospects ?*

5) At the end of the interview

- *Thank you. I look forward to hearing from you / I look forward to a positive reply.*

Si on vous demande pourquoi vous voulez changer d'emploi :

• *L'entreprise dans laquelle je travaille va fermer / est en faillite / a déposé son bilan / va être rachetée par ...*

• *L'atmosphère n'était pas très bonne.*

• *Je voulais me rapprocher de Paris / de Londres / de ma famille.*

• *Je perdais trop de temps dans les transports.*

4) Vos réactions

• *Cela m'intéresse beaucoup.*

• *Cela me convient.*

• *J'accepte.*

• *Je crois que nous sommes d'accord.*

• *C'est entendu, je commence la semaine prochaine.*

• *Je dois réfléchir.*

• *Pouvez-vous me laisser 24 h pour réfléchir ? / de réflexion ? Je vous donnerai ma réponse demain.*

• *Je dois avouer que je suis un peu déçue, j'espérais un petit peu plus.*

• *Y a-t-il des avantages en nature ?*

• *Quel est le salaire de base ?*

• *Quel est le salaire de départ ?*

• *Y a-t-il des perspectives de carrière ?*

5) Après l'entretien

• *Je vous remercie, j'espère que vous me contacterez / que votre réponse sera positive.*

Chapter 2

Taking care of visitors

When a secretary receives visitors, she plays an essential *public relations* role for the company. As we shall see later, in the chapter on answering the telephone, she represents the company. This is particularly true when someone comes for the first time. Even if you have a heavy work load, try to look pleasant, calm and efficient.

Without appearing indiscreet, you will have to find out the person's name, job, company or institution and the reason for his visit. You will then have to decide whether to take him in to see the boss or not. A good secretary's role is to vet visitors and only allow important ones through.

A) WELCOMING SOMEONE

Usually visitors give their name on arriving, in which case you simply say :

• *Mr. Russell. Yes, that's right. You have an appointment with Mr. Jansen at five o'clock. Please have a seat.*

• *Mr. Russell. Oh, yes ! You rang yesterday.*

Chapitre 2

Présenter et accueillir des visiteurs

Quand une secrétaire reçoit des visiteurs, elle joue un rôle essentiel de *relations publiques* pour l'entreprise. Comme nous le verrons plus tard dans le chapitre consacré au téléphone, elle représente la société. Ceci est particulièrement vrai lors d'une première visite. Même si vous êtes surchargée de travail, essayez de vous montrer agréable, calme et efficace.

Sans être indiscrète, c'est à vous d'obtenir un certain nombre de renseignements concernant votre visiteur : nom, travail, compagnie ou institution, motif de la visite. En possession de ces informations, vous verrez s'il est nécessaire ou non de l'introduire dans le bureau de votre chef. Une bonne secrétaire est un filtre qui ne doit laisser passer que ce qui est important.

A) ACCUEILLIR QUELQU'UN

D'ordinaire, la personne se présente d'elle-même, dans ce cas, vous n'avez qu'à répondre.

- *M. Russell. Oui, en effet. Vous avez rendez-vous avec M. Jansen à 17 h. Asseyez-vous, je vous en prie.*
- *M. Russell. Ah, je vois ! Vous avez téléphoné hier.*

If you know a little about the person, you can give him a warmer welcome :

• *Do come in Mr. Russell. Did you have a good journey ? Mr. Thomas will be with you in a moment.*

• *I hope it wasn't difficult to find us.*

If you work in an office where there is a constant stream of visitors, you may have to be brief. People will appreciate that you are saving time :

• *Could I have your name, please ?*
• *Who gave you our name, please ?*
• *Who sent you to us ?*
• *What can I do for you ?*
• *What would you like to know ?*
• *What is it about ?* etc.

A good secretary has to try to protect the company's image. If everything is not in its place or if things are not running smoothly, you can give a short explanation :

• *We regret that everything is so untidy, but we are in the middle of moving / of reorganising the service.*

• *We are understaffed at the moment. Several members of staff have fallen ill at the same time.*

If a visitor does not have an appointment, show that you will do your best to ensure that he sees the person he has asked for, even if you cannot guarantee the outcome :

• *I don't know if Mr. Jansen will be able to see you. He's very busy this morning, but I'll do my best.*

• *I'm sure M. Jansen would see you if at all possible, but I'm afraid it looks a bit doubtful in the circumstances.*

• *I'm sure Mr. Jansen would have seen you if it had been possible, but unfortunately...*

Si vous connaissez un peu la personne, vous pouvez personnaliser votre accueil :

• *Entrez, je vous en prie M. Russell. Avez-vous fait bon voyage ? M. Thomas sera à vous dans un instant.*

• *J'espère que vous avez trouvé facilement.*

Si vous travaillez dans un centre où les visiteurs se succèdent, vous pouvez vous permettre d'être plus directe, chacun vous saura gré de gagner du temps.

• *Vous êtes Monsieur... ?*

• *Vous venez de la part de qui ?*

• *Qui vous envoie ?*

• *Que désirez-vous ?*

• *Quels renseignements voulez-vous ?*

• *C'est à quel sujet ?* etc.

Vous devez toujours préserver l'image de la société. S'il règne une certaine confusion ou un certain désordre, trouvez quelques mots pour justifier ou expliquer la situation.

• *Vous voudrez bien excuser le désordre mais nous sommes en train de déménager / de réorganiser le service.*

• *Nous avons un problème d'effectif en ce moment, plusieurs membres du personnel sont tombés malades en même temps.*

Lorsqu'un visiteur n'a pas pris rendez-vous, montrez-lui que vous ferez votre possible pour lui permettre de voir la personne désirée même si le résultat n'est pas garanti.

• *Je ne sais pas si M. Jansen pourra vous recevoir. Il est très occupé ce matin, mais je ferai de mon mieux.*

• *Je suis sûre que M. Jansen vous recevra si cela lui est possible, mais cela me semble difficile étant donné les circonstances.*

• *Je sais que M. Jansen vous aurait reçu si cela lui avait été possible, malheureusement...*

B) INTRODUCING A VISITOR

When you show the visitor in to your boss's office, you will often have to introduce him very briefly. Your boss may have a lot on his mind so he (or she) will be grateful if you give him (or her) as clear a picture as possible of the situation :

• *Mr. Russell is a sales representative from Font & Co. He would like to show his latest models / the project for our new advertising campaign.*

• *He would like to talk to you about new insurance conditions / to show you his new range of products.*

Although you must be clear, be careful not to say more than your role requires. Some visitors will try to influence you, knowing that you have the boss's ear :

• *Mr. Russell is here. Mrs Lenoir sent him. It's about replacing Mrs. Auvert during her sickleave.*

In the interest of the service, you sometimes have to take the initiative :

• *Mr. Russell had an appointment with Mrs. Thomas. Unfortunately she's not here today. Would it be possible for you to see him ?*

You may have to come to the rescue of a visitor who has lost his way :

• *May I help you ?*

• *Do you need some help ?*

• *Are you looking for someone / something ?*

B) PRÉSENTER QUELQU'UN

Lorsque vous introduisez le visiteur dans le bureau de votre patron, vous devez essayer d'être la plus précise possible. Votre chef peut avoir l'esprit très occupé, il vous sera reconnaissant de lui rappeler exactement la situation.

• *M. Russell est envoyé par les établissements Font. Il voudrait vous montrer ses nouveaux modèles / le projet pour notre nouvelle campagne publicitaire.*

• *Il voudrait vous proposer de nouvelles conditions d'assurances / vous montrer sa nouvelle gamme de produits.*

Soyez précise mais n'outrepassez pas votre rôle. Certains essaieront de vous influencer, sachant que vous avez l'oreille de votre patron.

• *M. Russell est là. Il vient sur les recommandations de Mme Lenoir, il se propose de remplacer Mme Auvert pendant son arrêt maladie.*

Sachez prendre des initiatives dans l'intérêt du service bien sûr.

• *M. Russell avait rendez-vous avec Mme Thomas. Malheureusement, elle est absente aujourd'hui, peut-être pourriez-vous le recevoir... ?*

Vous pouvez également venir en aide à un visiteur hésitant ou égaré.

• *Puis-je vous être utile ?*

• *Je peux vous aider ?*

• *Vous cherchez quelqu'un / quelque chose ?*

C) TAKING CARE OF THE VISITOR WHO HAS TO WAIT

Quite often timetables are not respected. You must then look after the visitor who had an appointment but who is still waiting for your boss to appear.

Faced with this problem, there are several possibilities which vary according to how long the wait is.

To begin with, you can try making polite conversation :

- *I hope your journey wasn't too long.*
- *Did you have a problem finding a parking space ? It's getting more and more difficult around here.*
- *What do you think of our new premises ?*
- *I hope this sunny weather will hold out for the weekend.*

If he does not have to wait too long, you can ask the visitor if he would like a coffee :

- *Can I get you a coffee ?*

or you can try giving him (or her) something to read, such as brochures on the company or your products :

- *Would you like to have a look at this magazine on... ?*

If he has a long wait, you can give an explanation :

- *Mr. Jansen is held up in a meeting.*
- *Mr. Jansen was called away this morning.*
- *Mr. Jansen asked me to apologise. Unfortunately he is going to be late.*

The secretary's role is essential here once again. You must let the visitor know that your boss has not forgotten him, and regrets that he is not able to be there.

C) FAIRE PATIENTER

Il arrive souvent que l'emploi du temps ne soit pas respecté. Il faut alors faire patienter les visiteurs qui, pourtant, avaient rendez-vous.

Pour faire face à ce problème, il y a plusieurs possibilités, suivant la longueur de l'attente.

On peut commencer par engager une conversation courtoise.

• *J'espère que la route n'a pas été trop longue.*

• *Avez-vous eu du mal à vous garer, la situation devient impossible dans ce quartier.*

• *Que pensez-vous de nos nouveaux locaux ?*

• *J'espère que ce beau temps va tenir jusqu'à la fin de la semaine.*

Si le retard est bref, vous pouvez proposer un café :

• *Puis-je vous offrir un café ?*

ou bien quelque chose à lire, documentation sur votre entreprise, vos produits, etc.

• *Permettez-moi de vous donner cette revue sur...*

Si le retard se prolonge, vous devez donner une explication.

• *M. Jansen est retenu dans une réunion.*

• *M. Jansen a dû s'absenter ce matin.*

• *M. Jansen m'a chargée de l'excuser, il sera malheureusement en retard.*

Là encore, votre rôle est capital. Montrez combien M. Jansen est soucieux de son visiteur et à quel point il regrette ce contretemps.

• *Mr. Jansen asked me to tell you how sorry he is. He wasn't able to catch the 7:10 train (the seven, ten train). He won't be back until ten o'clock.*

You can then suggest that your visitor see someone else. You will need to be convincing, of course :

• *It's such a pity that Mr. Jansen can't see you. May I suggest someone else ?*

• *While you are waiting for Mr. Jansen to get back, perhaps you would like to see Mrs. Lavoix. She used to be in charge of the training department and she knows the company very well.*

• *We do apologise for the inconvenience.*

• *M. Jansen m'a chargée de vous faire toutes ses excuses, il n'a pu avoir le train de 7 heures 10, il ne sera pas là avant 10 heures.*

Vous pouvez orienter votre visiteur vers une autre personne. Soyez convaincante évidemment :

• *Il est regrettable que M. Jansen ne puisse vous recevoir. Puis-je vous suggérer quelqu'un d'autre ?*

• *En attendant l'arrivée de M. Jansen, vous pouvez peut-être voir Mme Lavoix, elle s'est occupée pendant quatre ans du service Formation et connaît très bien la maison.*

• *Je suis désolée de ce contretemps.*

Chapter 3

Answering the telephone

When a secretary answers the telephone, she represents her company or institution. Her performance contributes to the company's image. It is therefore important to have a pleasant-sounding voice and a business-like manner. Articulate clearly, as it is more difficult for people to understand you when they cannot see your mouth and facial expressions.

A) WHEN YOU PICK UP THE RECEIVER

Always make a good start. Your first words when you introduce yourself or greet the caller are a verbal handshake and help to set the tone of the conversation.

If you feel that your voice is not friendly enough, you can try the well-known formula : *Smile as you dial* to ensure that your voice expresses a certain warmth.

Some companies prefer you to use one expression rather than another when answering the phone. The most common are :

Chapitre 3

Répondre au téléphone

Quand une secrétaire répond au téléphone, elle représente son entreprise ou son institution. Son attitude contribue à la bonne image de la société. C'est pourquoi il est important d'avoir une voix agréable et un comportement professionnel. Articulez clairement car il est plus difficile de vous comprendre si on ne voit pas votre bouche ni les expressions de votre visage.

A) QUAND VOUS DÉCROCHEZ

Commencez bien. Les premiers mots, quand vous vous présentez ou saluez votre interlocuteur, correspondent à une poignée de main verbale, ils aident à placer le ton de la conversation.

Si vous sentez que votre voix n'est pas assez amicale, vous pourrez essayer la formule bien connue en anglais *Souriez quand vous composez le numéro* pour vous assurer que votre voix exprime une certaine chaleur.

Certaines sociétés préfèrent que vous utilisiez une expression plutôt qu'une autre quand vous répondez au téléphone. Les plus courantes sont :

- *Hello. Mr. Jansen's office.*
- *Hello. Mr. Jansen's secretary.*
- *Hello. Training Department.*
- *Hello. Training Department. Susan Jones speaking.*

If you are making a call you can say :

- *Hello. This is Mr. Jansen's secretary here. May I speak to Mr. Smith, please ?*
- *Susan Jones calling. Is Mr. Smith there, please ?*

- *Hello. Mr. Jansen's secretary here, Font & Co. Mr. Jansen would like to speak to Mr. Abel, please.*

B) GOING THROUGH SWITCHBOARD

- *Could you put me through to Mr. Abel, please ?*
- *Could you give me extension five, three, six, please ?* [1]
- *Could you put me through to the Sales Department, please ?*

The switchboard operator may ask you to wait :

- *Could you hold on, please ?*
- *Could you hold the line, please ? I'm just putting you through.*

1. In English, numbers are read out one at a time, as they appear in this text.

N.B. When referring to yourself, you use : *This is Sandra* and *Sandra here*.
When referring to the caller, you use : *Is that John* and *Is John there* ?

- *Allo. Bureau de M. Jansen.*
- *Allo. Ici la secrétaire de M. Jansen.*
- *Allo. Service de formation.*
- *Allo. Service de formation. Suzanne Jones à l'appareil.*

Si c'est vous qui appelez, vous pouvez dire :

- *Allo. Ici la secrétaire de M. Jansen. Puis-je parler à M. Smith, s'il vous plaît ?*
- *Susan Jones à l'appareil. Est-ce que M. Smith est là, s'il vous plaît ?*
- *Allo. Ici la secrétaire de M. Jansen, des établissements Font. M. Jansen aimerait parler à M. Abel, s'il vous plaît.*

B) PASSER QUELQU'UN

- *Pourriez-vous me passer M. Abel, s'il vous plaît ?*
- *Pourriez-vous me passer le poste 536, s'il vous plaît ?* [1]
- *Pourriez-vous me passer le service des ventes, s'il vous plaît ?*

Le/la standardiste peut vous demander d'attendre :

- *Ne quittez pas, s'il vous plaît.*
- *Pourriez-vous rester en ligne, s'il vous plaît ? Je vous le passe.*

1. En français, on épelle les nombres par groupe de 2 ou 3 chiffres.
536 : Cinq cent trente-six.
448 80 82 : Quatre cent quarante-huit, quatre-vingts, quatre-vingt deux.

N.B. Quand vous parlez de vous, vous dites : *C'est Sandra* et *Ici, Sandra*.
Quand vous parlez de votre correspondant : *Est-ce que c'est John ?* et *Est-ce que John est là ?*

C) PUTTING A CALL THROUGH TO YOUR BOSS

One of the essential tasks of a good secretary is screening phone calls, which means finding out who the caller is, why he is calling and deciding whether to put the call through to your boss.

If the caller omits to give the relevant information, you can ask :

- *Who's calling, please ?*
- *Who shall I say is calling, please ?*
- *Which company/service is that, please ?*

- *What would you like to speak to Mr. Jansen about, please ?*
- *What is it about, please ?*

If you decide to put the call through, you can ask the caller to hold on, while you announce him to your boss :

- *Mr. Jansen. I have Mr. Abel on the line, from Font & Co. He would like to speak to you about the January order.*
- *Mrs. James is on the line. She has a query concerning your report. Will you take the call ?*
- *Mr. Smith is on the line. He says it's a personal call.*

D) IF YOUR BOSS IS NOT AVAILABLE

- *I'm afraid Mr. Jansen is not available right now / he's in a meeting at the moment / he's away on a business trip / he's on the other line / he has a visitor.*

C) PASSER UNE COMMUNICATION A VOTRE CHEF

Une des tâches essentielles d'une bonne secrétaire est de filtrer les appels, ce qui veut dire savoir qui est la personne, pourquoi elle appelle et s'il faut la passer à votre chef.

Si celui qui appelle oublie de donner les informations nécessaires, vous pouvez demander :

• *Qui est à l'appareil ?*

• *A qui ai-je l'honneur ? (Très formel.)*

• *C'est de la part de quelle compagnie / de quel service, s'il vous plaît ?*

• *A quel sujet voulez-vous parler à M. Jansen ?*

• *C'est à quel sujet, s'il vous plaît ?*

Si vous décidez de passer la communication, vous pouvez demander à la personne de rester en ligne pendant que vous l'annoncez à votre chef.

• *M. Jansen. J'ai M. Abel en ligne, des établissements Font. Il voudrait vous parler (à propos) de la commande de janvier.*

• *Mme James est en ligne. Elle a une question à vous poser concernant votre rapport. Est-ce que vous la prenez ?*

• *M. Smith est en ligne. Il dit que c'est personnel.*

D) SI VOTRE CHEF EST OCCUPÉ

• *Je suis désolée, M. Jansen est occupé pour le moment / il est en réunion en ce moment / il est en mission / il est en ligne / il a un visiteur.*

E) TAKING A MESSAGE

Taking a message is not always a simple task. Some callers are not clear. Others take a long time to come to the point or become impatient. You must remain polite and in control. Sometimes you will need to guide the caller by asking the right questions. As the caller cannot see you, you must show that you are listening with a sympathetic ear to encourage the caller to express himself concisely :

- *Yes / Fine / I see / I understand / Right.*
- *Yes. I'm just writing that down.*
- *Yes. I'll make a note of that.*
- *Yes. I can see that on your form here.*
- *Yes. I've got that.*

It may be necessary to summarise the caller's message :

• *Fine. So you want John to fix an appointment before the summer break with all project managers that you haven't been able to see yet. Is that correct ?*

If there are complicated references, you may prefer to read the complete message back :

• *I'll just read that back, if you don't mind.*

F) DEALING WITH LETTERS AND NUMBERS

Messages with letters and numbers in a second language can cause problems. In order to control the speed of delivery, the best idea is to interrupt the speaker by repeating the letters or numbers, a few at a time. You thereby oblige the speaker to stop and check that you have got it right before

E) PRENDRE UN MESSAGE

Prendre un message n'est pas toujours une tâche facile. Ceux qui appellent ne sont pas toujours clairs. Ils prennent parfois beaucoup de temps avant d'en venir au fait ou ils s'impatientent. Vous devez rester polie et maître de vous. Quelquefois il vous faudra guider la conversation en posant les bonnes questions. Étant donné que la personne ne peut pas vous voir, vous devez montrer que vous écoutez d'une oreille attentive pour encourager celui qui appelle à s'exprimer de façon concise.

- *Oui / Bien / Je vois / Je comprends / En effet.*
- *Oui, je suis en train de l'écrire.*
- *Oui, je prends note de cela.*
- *Oui, je le vois sur votre fiche.*
- *Oui, c'est noté.*

Il est parfois nécessaire de résumer le message :

- *Bien. Vous voulez qu'avant les congés d'été John fixe un rendez-vous pour vous avec les chefs de projet que vous n'avez pas pu voir. C'est bien ça ?*

S'il y a des références compliquées, il est parfois préférable de relire entièrement le message.

- *Je vais relire, si ça ne vous ennuie pas.*

F) LETTRES ET CHIFFRES

Les messages contenant des lettres et des chiffres dans une deuxième langue peuvent poser des problèmes. Une manière de contrôler la rapidité du débit, c'est d'interrompre votre interlocuteur en répétant les lettres et les chiffres par groupe. Vous l'obligez ainsi à s'arrêter et à vérifier que vous he can carry on. You will then have the time to write the message down without asking the caller to repeat.

Beware of the problem letters for French speakers using English and vice versa :

e / i

e = [i :] as in *green* i = [ai] as in *five* or *I*

and

g / j

g = [dʒ + i :] as in *jeep* j = [dʒ + ei] as in *James Bond.*

G) ACTION THAT WILL BE TAKEN

Once the message has been dealt with, you should give a clear indication of the help you can give or of the action that will be taken :

- *I'll give Mr. Jansen your message as soon as he comes in.*
- *Could you give me your name and number so that Mr. Jansen can ring you back ?*
- *I'll look into this question and call you back as soon as I have an answer.*
- *Right. I'll see to that straightaway.*
- *I'll see to it that Mr. Jansen gets your message.*
- *Don't worry. I'll deal with this question myself and I'll let you know what happens.*

avez bien compris avant qu'il ne reprenne. Vous avez alors le temps d'écrire le message sans demander des répétitions.

Attention au problème des lettres en français quand elles sont utilisées par un anglophone, et vice versa :

e / i
e = [œ] comme dans *beurre* i = [i] comme dans *lit*
et
g / j
g = [ʒe] comme dans *général* j = [ʒi] comme dans *girafe*

G) SUITES A DONNER

Une fois que le message est pris, vous devez indiquer ce que vous pouvez faire ou les suites que vous pouvez donner :

- *Je donnerai votre message à M. Jansen dès son retour.*
- *Pourriez-vous me donner votre nom et votre numéro de téléphone de façon que M. Jansen puisse vous rappeler ?*
- *Je vais examiner la question et je vous rappellerai dès que j'aurai une réponse.*
- *Bien. Je m'en occupe tout de suite.*
- *Je veillerai à ce que M. Jansen ait votre message.*
- *Ne vous inquiétez pas. Je m'occuperai de cette question personnellement et je vous tiendrai au courant des suites.*

H) ENDING THE CALL

- *Thank you for your call.*
- *Thank you for calling.*
- *Goodbye.*

I'm afraid Mr Jansen is not available right now. He's in a meeting.

H) A LA FIN DU COUP DE FIL

- *Merci de votre appel.*
- *Merci d'avoir appelé.*
- *Au revoir.*

Je suis désolée, M. Jansen est occupé pour le moment. Il est en réunion.

Chapter 4

Making and answering inquiries

The first step to take when you are about to make an inquiry is to think carefully about the information you need. It may be useful to draw up a checklist which you can tick off as you obtain the information, or a questionnaire if the information you require is more complex and the questions need to be carefully formulated.

A) OBTAINING INFORMATION FROM INFORMATION CENTRES

If you contact a travel agent's or an information centre on the telephone, you can begin :

- *I'd like to make an inquiry.*
- *I have an inquiry to make.*
- *I need to know the times of trains for Paris, leaving on Friday morning, please.*
- *I need some information concerning the reimbursement procedure for unused tickets ?*

Chapitre 4

Demander ou donner un renseignement

La première chose à faire quand vous voulez demander un renseignement est de réfléchir attentivement aux informations dont vous avez besoin. Il peut être utile de faire une liste — que vous allez rayer au fur et à mesure que vous obtenez les informations — ou un questionnaire, si les informations que vous cherchez sont plus complexes et que les questions ont besoin d'être clairement formulées.

A) DEMANDER DES RENSEIGNEMENTS DANS DES CENTRES SPÉCIALISÉS

Si vous contactez une agence de voyage ou un centre d'information au téléphone, vous pouvez commencer par :

- *J'aimerais demander un renseignement.*
- *J'ai un renseignement à demander.*
- *J'aimerais connaître les horaires des trains pour Paris vendredi matin.*
- *J'aimerais avoir quelques informations concernant le remboursement des billets non utilisés.*

Inquiries that are commonly made include :

- *I would like to know if it's possible to book by phone.*
- *Would it be possible to use those tickets at a later date ?*
- *Could you tell me if there is a connecting flight ?*
- *Can I book a first class seat on the high speed train to Bordeaux ?*
- *I would like to book a single / double room.*
- *Do you have a room on the night of 15 July ?*
- *Could you tell me the deadline for applications for training courses ?*
- *Where can I obtain an enrolment form ?*
- *Could you tell me where I can get a brochure ?*
- *Where do I have to apply to get a form for reimbursement of travelling expenses ?*
- *Who is the person responsible for reimbursing expenses ?*
- *Who should I contact / see to find out about...*

B) EXPLAINING WHY YOU NEED THE INFORMATION

If you are not dealing with an inquiries office, you may have to explain why you need the information :

- *I've been asked to prepare some documents for a report on...*
- *I'm responsible for... and I need some information to write my annual report.*
- *I've been asked to collect information on...*
- *I've been asked to look into the question of absenteeism.*

Les renseignements les plus courants sont :

• *J'aimerais savoir s'il est possible de réserver par téléphone ?*

• *Est-ce qu'il serait possible d'utiliser ces tickets à une date ultérieure ?*

• *Pourriez-vous me dire s'il y a une correspondance (avion) ?*

• *Est-ce que je peux réserver une place en 1re dans le T.G.V.* [1] *pour Bordeaux ?*

• *Je voudrais réserver une chambre pour une / deux personne(s).*

• *Est-ce que vous avez une chambre pour la nuit du 15 au 16 ?*

• *Pourriez-vous me dire quelle est la date limite pour les inscriptions dans les cours de formation ?*

• *Où dois-je m'adresser pour obtenir un formulaire d'inscription ?*

• *Pourriez-vous me dire où je peux obtenir une brochure ?*

• *Où dois-je m'adresser pour obtenir un formulaire de remboursement des frais de mission ?*

• *Qui est la personne responsable des remboursements des frais ?*

• *Qui dois-je contacter / voir pour savoir...*

B) JUSTIFIER VOTRE DEMANDE

Quand vous ne vous adressez pas à un service de renseignements, vous devez donner les raisons pour lesquelles vous avez besoin des informations.

• *On m'a demandé de préparer des documents pour un rapport sur...*

• *Je suis chargée de... et j'ai besoin d'informations pour écrire mon rapport annuel.*

• *On m'a demandé de réunir des informations sur...*

• *On m'a demandé d'étudier la question de l'absentéisme.*

1. Train à grande vitesse.

C) EXPLAINING WHY YOU HAVE CONTACTED THE PERSON

• *I was told you would be able to help me. I need some statistics on absenteeism.*

• *Mr. Smith advised me to contact you. I believe you have the latest sales figures.*

• *I've been told you're the best person to help me / you would be the best person to help me.*

D) USING A RECOMMENDATION

It may be useful to give the name of someone who knows the person you are addressing or whose authority will enable you to obtain the information.

• *Mr. Sawyer told me you might be able to help me.*
• *Mr. Sawyer told me you are the right person to see.*
• *Mr. Sawyer told me you are in charge of...*
• *Mr. Sawyer told me to contact you.*
• *Mr. Sawyer recommended that I get in touch with you.*

E) TACT

• *I wonder* [1] *if you could help me.*

• *I was wondering if you could tell me...*
• *I hope this isn't an inconvenient time.*
• *I'm sorry to disturb you.*
• *I hope I'm not disturbing you.*

1. *I wonder* expresses politeness rather than doubt. It cannot be translated literally.

C) EXPLIQUER POURQUOI VOUS AVEZ CONTACTÉ LA PERSONNE

• *On m'a dit que vous pourriez m'aider. J'ai besoin de statistiques sur l'absentéisme.*

• *M. Smith m'a conseillé de vous contacter. Je crois que vous avez les derniers chiffres concernant les ventes.*

• *On m'a dit que vous étiez la personne la mieux placée pour m'aider / que vous seriez la personne la mieux placée pour m'aider.*

D) UTILISER UNE RECOMMANDATION

Il est parfois utile de donner le nom de la personne qui vous envoie et dont l'évocation vous permettra d'obtenir les informations.

• *M. Sawyer m'a dit que vous pourriez peut-être m'aider.*

• *M. Sawyer m'a dit que vous étiez la personne à voir.*

• *M. Sawyer m'a dit que vous vous occupiez de...*

• *M. Sawyer m'a dit de vous contacter.*

• *M. Sawyer m'a recommandé de prendre contact avec vous.*

E) TACT

• *Pourrais-je* [1] *vous demander de m'aider ? / Pourriez-vous m'apporter votre aide ?*

• *Pourriez-vous me dire... ?*

• *J'espère que ce n'est pas un mauvais moment.*

• *Je suis désolée de vous déranger.*

• *J'espère que je ne vous dérange pas.*

1. *I wonder* ici exprime moins le doute que la politesse, il ne peut pas se traduire littéralement.

• *I'm sorry, I know you are very busy, but could I just ask you one question ?*

• *Could I just disturb you for a moment ? I promise it won't take long.*

F) EFFICIENCY

If you are in a hurry and you want just a *yes* or *no* answer, you can use :

• *So you are saying that the decision has already been taken, aren't you ?*

The following expression is useful when people are slow to come to the point or reluctant to disclose information :

• *I would just like confirmation that there will be a meeting before the end of the month.*

G) THANKS

If you have obtained the information you need, you can say :

• *Thank you very much.*

• *Thank you for your help.*

• *You've been very helpful.*

• *I'm very grateful for all the information you have given me.*

• *Je suis désolée, je sais que vous êtes très occupé mais pourrais-je vous poser une simple question ?*

• *Pourrais-je vous déranger un instant ? Je promets que ça ne sera pas long.*

F) EFFICACITÉ

Si vous êtes pressée et voulez une réponse brève par *oui* ou *non*, vous pouvez utiliser :

• *Vous voulez dire que la décision a déjà été prise n'est-ce pas ?*

L'expression suivante peut servir quand les gens tardent à venir au fait ou sont réticents pour donner des renseignements :

• *Je voudrais simplement avoir la confirmation qu'il y aura bien une réunion avant la fin du mois.*

G) REMERCIEMENTS

Si vous avez obtenu les renseignements dont vous aviez besoin, vous pouvez dire :

• *Merci beaucoup.*

• *Merci pour votre aide.*

• *Vous m'avez beaucoup aidée.*

• *Je vous suis reconnaissante de toutes les informations que vous m'avez données.*

Chapter 5

Making requests

A common pitfall in professional life is being permanently overworked. You may reach the stage where you are trying to do so many things at the same time that you overlook an essential detail. Your months of hard work may then easily be forgotten.

A way to avoid this situation is to get others to do things. Admittedly, this is not as easy as it sounds.

A) ASKING FOR HELP

Your tone should be neither aggressive nor self-pitying but gently assertive. It is a good idea to begin by explaining the reasons for your request.

1) Explaining the situation

- *I have a report to finish and Mr. Smithson has asked me to update the files by this evening. I don't see how I can manage.*

- *I've got a deadline to meet.*
- *I've got too many urgent assignments.*

Chapitre 5

Présenter des demandes

Un piège fréquent dans la vie professionnelle est d'être surchargée en permanence. Vous risquez d'atteindre le stade où vous essayez de faire tant de choses en même temps que vous oubliez un détail capital. Vos mois de travail peuvent alors être facilement oubliés. Une façon d'éviter cette situation désagréable est de faire appel aux autres. De toute évidence, ce n'est pas aussi facile qu'il y paraît.

A) DEMANDER UN SERVICE

Votre ton ne doit être ni agressif ni larmoyant mais assuré. Il est bien de commencer par expliquer les motifs de votre demande.

1) Expliquer la situation

- *J'ai un rapport à finir et M. Smithson m'a demandé de mettre à jour les dossiers pour ce soir, je ne vois pas comment je peux y arriver.*
- *J'ai un délai à respecter.*
- *J'ai trop de choses urgentes à faire.*

• *Mr. Jansen has asked me to make sure all the delegates have received the documents for the technical assistance meeting.*

2) Making a polite request

• *Do you think you could possibly do this for me ?*

• *I was wondering if you could give me a hand with this report.*

• *Would you be so kind as to contact these people for me ?*

• *Would you mind getting in touch with these people to confirm Friday's meeting ?*

3) Making an informal request

• *Could you possibly do me a favour ?*

• *Could you do me a favour ?*

It sometimes helps if you underline that your request is an exceptional one :

• *I wonder if I could ask you, as a special favour, to help me with this assignment* (formal).

• *Could you possibly help me out, just this once ?* (informal).

• *I know that you're busy too, but could you help me ?*

B) PROMISING TO RECIPROCATE

• *If you could help me now, I'd be more than willing to do the same for you when you need it.*

• *I'd be glad to do the same for you whenever you ask me.*

• *M. Jansen m'a demandé de vérifier que tous les délégués avaient reçu les documents pour la réunion sur l'assistance technique.*

2) Demande formelle

• *Est-ce qu'il vous serait possible de faire ceci pour moi ?*

• *Est-ce que vous pourriez m'apporter votre aide dans ce rapport ?*

• *Auriez-vous la gentillesse de contacter ces personnes pour moi ?*

• *Je ne voudrais pas vous ennuyer mais est-ce que vous pourriez joindre ces personnes pour confirmer la réunion de vendredi ?*

3) Demande informelle

• *Est-ce que je pourrais te demander un service ?*

• *Pourrais-tu me rendre un service ?*

Cela aide parfois de souligner le caractère exceptionnel de la demande :

• *Je me permets exceptionnellement de vous demander de m'aider pour ce travail* (formel).

• *Est-ce que vous pourriez m'aider, juste pour cette fois ?* (informel).

• *Je sais que vous êtes aussi très occupé, mais pourriez-vous m'aider ?*

B) RENDRE LA PAREILLE

• *Si vous pouviez m'aider maintenant, c'est avec plaisir que je ferai la même chose pour vous quand vous en aurez besoin.*

• *Je serai heureuse de faire la même chose pour vous quand vous me le demanderez.*

- *I'd be happy to help you out any time you need it.*
- *I'll do the same for you some other time* (informal).

Sometimes it is useful to remind the person of the times you helped him :

- *You remember I helped you with the translating. Well, I was wondering if I could ask you to help me today.*
- *I did help you last week.*

C) EXPRESSING THANKS

Never forget to thank the person :

- *I'm very grateful to you for this.*
- *You've been really kind to help me like this.*

- *I really appreciate your helping me.*
- *It's very kind of you to have helped me.*

D) ASKING FOR AN INCREASE OR PROMOTION

Everything comes to those who wait. This may be true, but, in the case of promotion, you may have to wait a long time.

If you feel that you deserve promotion or a pay rise, you should prepare very carefully to argue your case. Writing the facts down can help to make things clear in your mind. You may try to think of arguments your employer will use to reject your request and prepare some counter-arguments.

Try to use a confident but not aggressive tone. Remember that you have nothing to lose by showing that you are aware of your own worth.

• *Je serai heureuse de vous aider quand vous en aurez besoin.*

• *A charge de revanche* (familier).

Il est parfois utile de rappeler à la personne que vous l'avez aidée :

• *Vous vous souvenez que je vous ai aidé pour la traduction, et bien j'aimerais vous demander de m'aider aujourd'hui.*

• *Je vous ai pourtant aidé la semaine dernière.*

C) REMERCIER

N'oubliez jamais de remercier la personne :

• *Je vous suis très reconnaissante pour cela.*

• *Vous avez été vraiment gentil de m'aider comme vous l'avez fait.*

• *J'ai beaucoup apprécié votre aide.*

• *C'est très gentil à vous de m'avoir aidée.*

D) DEMANDER UNE AUGMENTATION OU UNE PROMOTION

Tout arrive à qui sait attendre. C'est peut-être vrai mais dans le cas d'une promotion, il se peut que vous attendiez.

S'il vous semble que vous méritez une promotion ou une augmentation, vous devez vous préparer très soigneusement à défendre votre cas. Mettre les faits par écrit peut aider à clarifier les choses dans votre esprit. Vous pouvez penser aux arguments que votre employeur utilisera pour rejeter votre demande et préparer des contre-arguments.

Essayez d'employer un ton confiant mais pas agressif. Rappelez-vous que vous n'avez rien à perdre en montrant que vous êtes consciente de votre propre valeur.

1) Opening words

- *Mrs. Jansen, may I have a word, please ?*
- *There's something I'd like to speak to you about.*

Ascertain that it is a good time to have such a conversation and that you are not likely to be disturbed.

- *I hope this is a convenient time. If not I could see you later.*
- *What I wanted to ask you about was my promotion.*
- *I was hoping that I might be on the list for promotion.*

- *I wanted to ask you about my promotion.*
- *I would like to know if I could have an increase in salary, please.*
- *I don't feel I'm earning enough.*

Make sure you are positive about the fact that you like your work.

- *I enjoy my work very much.*
- *I'm very interested in the job.*
- *I find the job very rewarding.*
- *I like the responsibility.*

1) Les premiers mots

- *Pourrais-je vous parler, Mme Jansen, s'il vous plaît ?*
- *Il y a quelque chose dont j'aimerais vous parler.*

Après vous être assurée que le moment est bien choisi pour avoir ce genre de conversation et que vous n'allez pas être dérangée :

- *J'espère que ce n'est pas un mauvais moment ? Sinon je pourrais vous voir plus tard.*
- *Ce dont je voulais vous parler, c'était de ma promotion.*
- *J'espérais que je pourrais être sur la liste d'attribution de promotions.*
- *Je voulais vous parler de ma promotion.*
- *J'aimerais savoir s'il serait possible d'avoir une augmentation, parce que...*
- *J'ai l'impression que je ne gagne pas assez.*

Montrez-vous toujours positive quand il s'agit de votre intérêt pour le travail :

- *J'aime beaucoup mon travail.*
- *Je suis très intéressée par le travail.*
- *Je trouve le travail très gratifiant.*
- *J'aime les responsabilités.*

2) Arguments

a) Length of service

• *I've been working here for five years.*

• *Although I haven't worked in the department very long, I've been working for the company for eight years.*

b) Length of time on the same grade

• *I've been on the same grade for four years.*

c) Difficulty of work

• *I'm very happy to have such a rewarding job, but I feel that for such demanding work the salary should be higher.*

d) Responsibility

• *I appreciate being able to take decisions, but I would like to receive a salary which reflects that responsibility.*

• *I don't feel that my salary corresponds to the amount of responsibility I have.*

e) Comparison with salaries for similar work elsewhere

If you wish to suggest that you could earn more elsewhere you must be very careful, because the answer may be :

• *If you think you can earn more elsewhere, perhaps you should leave.*

If you really think it is a valid reason, or if you are prepared to leave, you can say :

• *Don't misunderstand me. I really like working here and I'm not intending to leave, but I see in the job advertisements that other companies are paying more for similar work.*

2) Les arguments

a) L'ancienneté

• *Je travaille ici depuis cinq ans.*

• *Il est vrai que je ne travaille pas depuis longtemps dans le service, mais je suis dans l'entreprise depuis huit ans.*

b) Ancienneté dans le même grade

• *J'ai le même grade depuis quatre ans.*

c) Difficulté du travail

• *Je suis heureuse d'avoir un travail si gratifiant, mais il me semble que pour un travail si prenant, le salaire devrait être plus élevé.*

d) Responsabilité

• *J'apprécie le fait de pouvoir prendre des décisions, mais j'aimerais recevoir un salaire qui reflète cette responsabilité.*

• *Il ne me semble pas que mon salaire corresponde aux responsabilités que j'ai.*

e) Comparaison avec des salaires identiques ailleurs

Si vous voulez suggérer que vous pourriez gagner plus ailleurs, vous devez être très prudente, car la réponse peut être :

• *Si vous pensez que vous pouvez gagner plus ailleurs, vous devriez peut-être partir.*

Si vous pensez que c'est une raison valable et si vous êtes prête à partir, vous pouvez dire :

• *Ne vous méprenez pas. J'aime énormément travailler ici et je n'ai pas l'intention de partir mais je vois dans les petites annonces que d'autres entreprises paient davantage pour un travail analogue.*

f) Qualifications

- *I have accounting experience and computing skills. If I were promoted I could use them.*
- *I have good qualifications so I feel I'm capable of doing more demanding work.*
- *I could take on more responsibility.*

f) Qualifications

- *J'ai des connaissances en comptabilité et en informatique. Si j'étais promue, je pourrais les utiliser.*
- *J'ai une bonne formation, c'est pourquoi je pense que je peux avoir un travail plus difficile.*
- *Je pourrais avoir plus de responsabilités.*

Chapter 6

Expressing your opinion : satisfaction or displeasure, agreement or disagreement

The way you express satisfaction or displeasure depends on the context. When you hear good news, for example if you are going to receive an increase in salary, you can simply say :

- *That's wonderful ! That's marvellous !*

If someone tells you good news about himself or his family, you respond :

- *Oh, I'm glad to hear that.*

On hearing bad news, you say :

- *Oh, I'm sorry to hear that.*
- *What a pity !*
- *How awful !*
- *That's dreadful !*

Chapitre 6

Exprimer une opinion : satisfaction ou mécontentement, accord ou désaccord

La façon dont vous exprimez votre satisfaction ou votre mécontentement dépend des circonstances. Quand vous apprenez de bonnes nouvelles dans un contexte informel, par exemple si votre salaire va être augmenté, vous pouvez dire simplement :

- *C'est magnifique ! C'est merveilleux !*

Si quelqu'un parle d'une bonne nouvelle qui le concerne, lui ou sa famille, vous répondez :

- *Je suis contente pour toi/vous.*

Si ce sont de mauvaises nouvelles, vous dites alors :

- *Je suis désolée pour toi/vous.*
- *Quel dommage !*
- *C'est triste.*
- *Que c'est affreux !*

Sometimes you may have to express your view in a more formal context. Some managers call meetings to allow their staff to give their opinions on the department. Speaking in public requires more formal expressions.

A) TAKING THE FLOOR

• *I'm glad to have this opportunity to express my views.*

• *I would just like to say that we have a very pleasant atmosphere.*

If you have several points to make, you must make this clear :

• *I have three points to make. Firstly, I'd like to speak about flexible working hours. Secondly, I have a comment on the photocopier, and finally...*

B) TACT AND DIPLOMACY

If you have something negative to say, it is best to be as tactful as possible. Start with a positive remark if you can :

• *I must say that our department is a happy one, on the whole. There is just one minor point I'd like to make. I generally make the coffee for everyone in the morning, which I don't mind at all, but I would appreciate it if everyone would wash up his or her own cup.*

• *Ours is a good unit. The only problem is that we don't have enough opportunities to meet like this and exchange our views. I think it is important for team spirit and morale.*

• *I have just one small criticism. There is no restaurant near our building.*

Quelquefois vous pouvez exprimer votre opinion dans un contexte plus formel. Des directeurs organisent de temps en temps une réunion où les membres du personnel peuvent donner leur opinion sur leur service. Parler en public oblige à utiliser des expressions plus formelles.

A) PRENDRE LA PAROLE

- *Je suis heureuse de pouvoir donner mon opinion.*
- *Je voudrais simplement dire qu'il y a un très bon climat.*

Si vous avez plusieurs remarques à faire, vous pouvez l'annoncer à ceux qui vous écoutent :

• *J'ai trois choses importantes à dire. D'abord / Premièrement, je voudrais parler de l'horaire flexible, deuxièmement de la photocopieuse et pour finir de....*

B) TACT ET DIPLOMATIE

Si vous avez quelque chose de négatif à dire, il vaut mieux être la plus diplomate possible ; essayez de commencer par une remarque positive :

• *Je dois dire que le service est satisfaisant dans l'ensemble. Il y a juste une petite remarque que j'aimerais faire. Je fais généralement le café pour tout le monde le matin, ce qui ne me dérange pas du tout, mais j'aimerais bien que chacun lave sa tasse après.*

• *Notre unité est une bonne unité. Le seul problème est que nous n'avons pas assez d'occasions comme celle-ci pour échanger nos points de vue. Je pense que c'est important pour l'esprit d'équipe et le moral.*

• *J'ai juste une petite critique. Il n'y a pas de restaurant près de notre bâtiment.*

C) RETURNING TO A POINT ALREADY MADE

• *I would like to come back to what my colleague said about flexitime.*

• *I fully agree with my colleague about the canteen. If there were* [1] *a canteen nearby, mothers with small children could take a shorter lunchbreak and would then be able to get home earlier in the evening.*

D) MAKING A SUGGESTION

• *I have a suggestion to make concerning parking spaces.*

• *Wouldn't it be a good idea to number the spaces ?*

• *What about numbering the spaces ?*
• *Why don't we number the spaces ?*
• *I think that we should have more information meetings.*

E) DISAGREEING

Unfortunately, it is not always possible to agree. You must show you disagree without offending anyone. If you give your reason, people will accept your opinion more easily.

• *I'm afraid I disagree with the suggestion made about numbering spaces in the car park. As there are not enough spaces for everyone, some people would be permanently excluded from the car park.*

• *I'm totally against the idea of numbering spaces. The present system of* First come first served *seems fairer to me.*

1. *Was* or the subjunctive *were* can be used here after *if*.

C) REVENIR SUR UN POINT

• *J'aimerais revenir sur ce qu'a dit ma collègue à propos de l'horaire flexible.*

• *Je suis tout à fait d'accord avec ma collègue à propos de la cantine. S'il*[1] *y avait une cantine près d'ici, celles qui ont de jeunes enfants pourraient déjeuner rapidement à midi et rentrer chez elles plus tôt le soir.*

D) FAIRE UNE SUGGESTION

• *J'ai une suggestion à faire concernant les places de stationnement.*

• *Est-ce que ce ne serait pas une bonne idée de numéroter les places ?*

• *Et si on numérotait les places ?*

• *Pourquoi ne pas numéroter les places ?*

• *Je pense qu'on devrait avoir plus de réunions d'information.*

E) DÉSACCORD

Malheureusement, on ne peut être toujours d'accord. Il faut le faire savoir sans heurter. Si vous donnez vos raisons, on comprendra plus facilement votre attitude.

• *Je suis désolée. Je ne suis pas d'accord avec l'idée de numéroter les places de stationnement. Comme il n'y a pas assez de places pour tout le monde, il y en a qui ne pourront jamais trouver de place.*

• *Je suis absolument contre l'idée de numéroter les places. Le système actuel* Premier arrivé premier servi *me semble plus juste.*

1. Dans une phrase commençant par *si*, on peut mettre *was* ou *were* avec un sujet singulier.

Chapter 7

Avoiding indiscretion

A quality which is sought after in a secretary is discretion. When you spend over eight hours a day in someone's company and your task is to help him or her in the job, to check the diary and to ensure that the work is done correctly, you get to know a great deal about the work and the person.

In certain professions both the documents, what is said in private discussions and the agreements reached must remain confidential. Although you may not be informed of the substance of the discussions, you know that they will take place, where and when they will be held, who will be involved. People will sometimes try to get you to reveal something.

Occasionally the information will be of a private nature. Once again you will have to be very careful. When a colleague asks the question, it is easy to find an answer, but when a superior asks a personal question, a more diplomatic answer is required.

Chapitre 7

Comment éviter les indiscrétions

Une des qualités que l'on recherche chez un ou une secrétaire est la discrétion. En effet, lorsqu'on passe plus de huit heures par jour au contact d'une personne et qu'on a pour mission de l'aider dans son travail, de vérifier son emploi du temps, de s'assurer de la bonne exécution des tâches professionnelles, on arrive à connaître beaucoup de choses sur le travail et sur la personne.

Dans certaines professions, des documents, des entretiens, des accords doivent rester confidentiels. Sans être au courant de la teneur de ces entretiens, en tant que secrétaire vous savez qu'ils auront lieu, où, quand, avec qui. Toutes ces informations doivent souvent rester secrètes et on essaiera parfois de vous les arracher.

Quelquefois il s'agira d'informations d'ordre privé que l'on essaiera d'obtenir. Là encore vous devez être très prudente. Quand ces questions viennent d'une collègue, la réponse est plus facile mais quand c'est un supérieur qui vous pose une question indiscrète, vous devez faire preuve de diplomatie.

A) WITH A COLLEAGUE

A colleague can be anyone who is on the same level that you know well or reasonably well.

1) Concerning your boss

When he is away, people will ask where he is, when he is coming back and the reasons for his absence.

If he is only away for a short time, you can be vague :

• *He's not here for the moment.*

• *He'll be right back.*

• *He's got an appointment.*

• *He's coming back later at the end of the morning / in the evening.*

You can leave things open :

• *Oh, he'll probably be back around five o'clock.*

• *I think he'll be back at about five o'clock.*

You can say that you have not been informed :

• *I really don't know, I'm afraid.*

• *He didn't say.*

With a very persistent colleague, you may need to be firm and to the point :

• *I don't see that this is any concern of yours* (rather brusque).

Irony can be a way of avoiding the issue :

• *I didn't realise your were so interested.*

• *Why this sudden interest ?*

• *Sorry. I'm not saying anything.*

A) AVEC UN COLLÈGUE

Par collègue on entend quelqu'un qui est sur un pied d'égalité et que vous connaissez bien ou assez bien.

1) Concernant votre chef

En cas d'absence on voudra savoir où il est, quand il revient, les motifs de son absence, etc.

S'il s'agit d'une absence momentanée, restez vague :

- *Il est absent pour le moment.*
- *Il va arriver.*
- *Il a un rendez-vous.*
- *Il reviendra plus tard, en fin de matinée / dans la soirée.*

Vous pouvez laisser planer un doute :

- *Il sera certainement là vers 5 h.*

- *Je pense qu'il sera là à 5 h.*

Vous pouvez dire que vous n'êtes pas informée :

- *Je n'en sais rien, je suis désolée.*
- *Il ne m'a rien dit.*

Avec un collègue tenace, il faut savoir être ferme, voire très directe :

- *Je ne vois pas en quoi ça te regarde* (familier).

Utilisez l'ironie :

- *Je ne savais pas que tu lui portais un tel intérêt.*
- *Que veut dire cet intérêt soudain ?*
- *Désolée, je ne te dirai rien.*

However, if you prefer to remain formal, you can say:

- *I'm afraid I'm not authorized to give you that information.*

2) Concerning the work

If you are asked about the work or the organisation, again you can plead ignorance or remain vague:

- *The date hasn't been fixed yet.*
- *Sorry. I can't help you there.*
- *You had better ask her.*
- *It's confidential. I'm sure you understand that I'm not allowed to tell you.*

3) Concerning members of staff

For the sake of efficiency in the workplace, a peaceful, harmonious environment is necessary. For that reason, a good climate has to be carefully maintained. Clearly, in any social group, clans and rivalries emerge.

It is difficult and sometimes impossible not to get involved, as we cannot avoid having opinions and passing judgment. We have to be skilled at avoiding conflicts. If you are asked what you think of the department, or your colleagues, think carefully before you answer. Do not be too categorical or too negative:

- *I have the impression that there are going to be some changes, but I don't know anything definite.*
- *I haven't noticed anything special.*
- *You know, I never pay attention to that sort of thing.*
- *Nobody has said anything to me about that.*
- *You may be right. I just do my work and the rest is not my concern.*

Pourtant, si vous préférez rester formelle, vous pouvez dire :

- *Je ne suis pas autorisée à vous donner ces renseignements.*

2) Concernant le travail

Si on vous pose des questions sur le travail, l'organisation etc., l'ignorance ou le doute vous aident une fois encore :

- *La date de la réunion n'a pas encore été fixée.*
- *Désolée. Je ne peux pas vous aider.*
- *C'est à elle qu'il faut demander.*
- *C'est confidentiel, vous comprenez que je ne peux rien dire.*

3) Concernant le personnel

Pour travailler efficacement, il est nécessaire d'évoluer dans un environnement harmonieux et pacifique. Pour cela, il faut veiller à maintenir un bon climat. Pourtant, on sait que dans tous les groupes se forment des clans, des rivalités.

Ne pas s'y mêler est difficile voire impossible. On ne peut s'empêcher d'avoir un avis, de porter un jugement. Sachez éviter les conflits. Si on vous demande ce que vous pensez d'un service, des collègues, pondérez votre réponse. Ne soyez pas trop catégorique, ni foncièrement négative :

- *J'ai l'impression qu'il va y avoir des changements, mais je ne sais rien de précis.*
- *Je n'ai rien remarqué de particulier.*
- *Tu sais, je ne fais jamais attention à ces choses-là.*
- *On ne m'a rien dit.*
- *C'est possible, je fais mon travail et je ne m'occupe de rien d'autre.*

B) WITH A SUPERIOR

The difficulty of the situation arises from the fact that the person seeking to obtain information concerning your boss has two advantages : position and assertiveness, which often go together.

If in answer to the question : *Where is Mr. Jansen ?*, you reply :

• *I really don't know, I'm afraid*,

a superior may retort :

• *But it's your job to know where he is during working hours.*

Stick to your guns :

• *Mr. Jansen didn't tell me and it's not for me to ask.*

You can also pre-empt the next question in your answer :

• *Mr. Jansen said he had an appointment, but I'm afraid he didn't say who with.*

You can be very frank :

• *I'm very sorry, but I don't feel authorised to give you that information.*

• *I'm terribly sorry but Mr. Jansen asked me not say anything about this affair.*

• *I'm terribly sorry but Mr. Jansen asked me not to speak to anyone about this without his permission.*

• *I think perhaps you had better ask him yourself.*

If someone tries to go straight into Mr. Jansen's office, jump in quickly :

• *Can I help you ?*

B) AVEC UN SUPÉRIEUR

La difficulté de cette situation réside dans le fait que la personne qui veut entrer en possession d'informations concernant votre chef a pour elle deux atouts : sa position et l'assurance qu'elle lui donne, les deux étant souvent liées.

Si, à une phrase comme : *Où est M. Jansen ?*, vous répondez :

- *Je n'en sais rien,*

on peut vous rétorquer :

- *Mais c'est votre travail, vous devez savoir où il se trouve pendant les heures de bureau.*

Retranchez-vous derrière votre position :

- *M. Jansen ne m'a rien dit. Ce n'est pas à moi de lui poser des questions.*

Prévoyez la question suivante :

- *M. Jansen avait un rendez-vous mais il ne m'a pas dit avec qui.*

Vous pouvez aussi être très franche :

- *Je suis désolée mais je ne suis pas autorisée à donner cette information.*
- *Je suis vraiment désolée mais M. Jansen m'a demandé de garder le silence sur cette affaire.*
- *Je regrette mais M. Jansen m'a demandé de n'en parler à personne sans son autorisation.*
- *Je crois qu'il faudrait mieux lui poser la question personnellement.*

Quelqu'un peut essayer d'entrer directement dans le bureau de M. Jansen. Intervenez rapidement :

- *Si je peux vous aider ?*

• *Mr. Jansen asked me not to let anyone go into his office.*

• *Mr. Jansen expressly asked me to make sure no one goes into his office.*

If you are asked about his work, how far he has got in his research, the financial situation of the company, etc., you can reply :

• *This is a complex question. I would rather you discussed .it with Mr. Jansen himself.*

• *I wouldn't want to give you the wrong information.*

If you are asked about his private life, put a stop to it immediately :

• *I'm not interested in other people's private lives.*

• *I'm very sorry. I would have liked to be able to give you the information but I don't know the answer.*

• *Yes, I've heard the name but I haven't heard anything definite.*

• *Is that so ? I didn't know.*

• *M. Jansen m'a recommandé de ne laisser entrer personne dans son bureau.*

• *M. Jansen m'a bien précisé de veiller à ce que personne n'entre dans son bureau.*

Si on vous pose des questions sur ses travaux, l'état de ses recherches, la situation financière de l'entreprise, etc., vous pouvez répondre :

• *Ces questions sont complexes, je préférerais que vous en parliez avec M. Jansen lui-même.*

• *Je ne voudrais pas faire d'erreur.*

On peut vous poser des questions sur sa vie personnelle. Mieux vaut couper court tout de suite :

• *La vie privée des autres ne m'intéresse pas.*

• *Je suis désolée, j'aurais aimé pouvoir vous renseigner mais je ne suis pas au courant.*

• *Oui, j'ai déjà entendu ce nom, mais je ne sais rien de précis.*

• *Ah ! Vraiment ? Je ne savais pas.*

Chapter 8
Apologising

There are many occasions which call for a polite apology. Sometimes a secretary must apologise on her own behalf, but more often she must apologise on behalf of her boss or the company. An apology is a powerful means of calming tensions, re-establishing good relations and goodwill.

A) APOLOGISING ON ONE'S OWN BEHALF

No one is perfect. Everyone makes mistakes. Inevitably we are sometimes late, mislay documents, fail to meet the deadline, forget to make an important phone call. When it is your fault or you feel that you must take the blame, you can say :

- *I'm terribly sorry. It's my fault.*
- *I'm afraid I'm the one to blame.*
- *I'm really sorry. It won't happen again.*

- *I do apologise. It's not like me. I really don't know how it happened.*

Chapitre 8

S'excuser

Les occasions qui exigent une excuse polie sont malheureusement très nombreuses. Quelquefois une secrétaire doit s'excuser pour son propre compte mais le plus souvent elle doit s'excuser pour le compte de son chef ou de l'entreprise. S'excuser est un moyen efficace de calmer les tensions, de rétablir de bons rapports et un esprit de coopération.

A) S'EXCUSER POUR SON PROPRE COMPTE

Personne n'est parfait. Chacun fait des fautes. Inévitablement, il nous arrive d'être en retard, d'égarer un document, de dépasser un délai, d'oublier de donner un coup de fil important. Quand c'est votre faute ou s'il vous semble que vous en portez la responsabilité, vous pouvez dire :

- *Je suis vraiment désolée. C'est ma faute.*
- *Je suis désolée, c'est moi la responsable.*
- *Je suis vraiment navrée. Cela n'arrivera plus / ne se produira plus.*
- *Je vous fais toutes mes excuses. Ce n'est pas mon habitude. Je ne comprends vraiment pas ce qui m'est arrivé.*

• *I'm sorry. I seem to have mislaid the documents. I'm sure I'll find them in a moment.*

• *I'm terribly sorry. I simply forgot all about it.*

We are not always to blame for mistakes :

• *I'm sorry. It's not my fault.*

• *I'm sorry, but I had nothing to do with it* (informal).

• *I'm sorry, but it couldn't be helped.*

It is always advisable to provide an excuse, if you have a valid one :

• *I'm sorry I'm late, but the traffic was awful this morning.*

• *I'm sorry I'm late. There is a train strike.*

• *I'm sorry I haven't been able to finish the report. My phone hasn't stopped ringing all morning.*

• *I'm afraid I simply haven't had time to get in touch with Mrs. Jameson.*

• *I'll do it straightaway.*

• *I'll see to it straightaway.*

Sometimes a secretary is not to blame but for the sake of peace she may decide that it is better not to insist on that fact.

• *I'm sorry. I can't remember you asking me to do that, but I'll do it straightaway. I'll see to it immediately. I'll give Mr Abel a ring and apologise.*

B) APOLOGISING ON BEHALF OF ONE'S BOSS OR THE COMPANY

A good secretary is a diplomat. It is frequently her duty to apologise in this way on behalf of the boss or the company, to smooth things over or to ensure that good relations are maintained within the company and with the outside world.

This may mean telling *white lies.* Some standard excuses are to be found below. Businessmen are sometimes obliged to cancel appointments or meetings at the last moment.

- *Je suis désolée, j'ai bien peur d'avoir égaré les documents. Je suis sûre que je vais les retrouver dans un instant.*
- *Je suis sincèrement désolée. J'ai complètement oublié.*

Nous ne sommes pas toujours responsables des fautes :

- *Je suis désolée. Ce n'est pas ma faute.*
- *Je suis désolée, mais je n'y suis pour rien* (familier).
- *Je suis désolée, il n'y avait rien à faire.*

Il est toujours recommandé de donner la raison, si elle est valable.

- *Je suis désolée d'être en retard, mais la circulation était terrible ce matin.*
- *Je suis désolée d'être en retard. Il y a une grève des trains.*
- *Je suis désolée, je n'ai pas pu finir le rapport. Mon téléphone n'a pas arrêté de sonner toute la matinée.*
- *Je suis désolée, je n'ai absolument pas eu le temps de contacter Mme Jameson. Je le fais tout de suite.*
- *Je vais m'en occuper tout de suite.*

Quelquefois une secrétaire n'est pas en tort mais, par souci de maintenir la paix, elle préfère parfois ne pas insister sur ce fait.

- *Je suis désolée, je ne me rappelle pas que vous m'ayez demandé ça, je vais le faire tout de suite / Je m'en occupe immédiatement. J'appelle M. Abel pour m'excuser.*

B) S'EXCUSER POUR LE COMPTE DE SON CHEF OU DE LA SOCIÉTÉ

Une bonne secrétaire doit se montrer diplomate. Dans ce sens, c'est souvent un devoir de s'excuser pour le compte de son chef ou de la société pour préserver les bonnes relations entre la société et le monde extérieur. Cela veut dire parfois faire des *mensonges diplomatiques*. Vous trouverez plus bas des excuses classiques. Les hommes d'affaires sont quelquefois obligés d'annuler des rendez-vous ou des réunions au dernier moment.

• *Mr. Jansen asked me to ring you to cancel your meeting for this morning. He's really sorry that he can't attend, but he was called away to an urgent meeting at the last moment.*

• *I'm afraid Mr. Jansen will have to break his appointment this afternoon. He asked me to apologise for him. Unfortunately he has had to go to Berlin and he was only told about it last night. He's very sorry. Could we fix another appointment ?*

It may be your unpleasant task to ask for documents that have been lost.

• *I'm terribly sorry. We seem to have mislaid the working documents you sent us for Friday's meeting. Could you possibly send us another copy ? That's very good of you.*

C) FORMAL APOLOGIES

Some situations require a very formal apology. In this case you can say :

• *Please accept our sincere apologies for the delay. I'm afraid it couldn't be helped...*

• *Mr. Jansen sends his sincere apologies.*

You may have to decline a formal invitation.

• *Mr. Jansen asked me to thank you for your invitation. Unfortunately he will be unable to attend as he has a prior engagement.*

D) ACCEPTING AND REFUSING APOLOGIES

Quite often secretaries must accept apologies from other people. In this case they can answer :

• *No problem !* (informal)

• *Oh. Don't worry.*

• *M. Jansen m'a demandé de vous appeler pour annuler la réunion de ce matin. Il est vraiment désolé de ne pouvoir y assister, mais on lui a demandé de participer à une réunion urgente au dernier moment.*

• *Je suis désolée. M. Jansen devra annuler son rendez-vous cet après-midi. Il m'a demandé de l'excuser. Malheureusement il a dû aller à Berlin et on ne l'a averti qu'hier soir. Il regrette vraiment. Pourrions-nous fixer un autre rendez-vous ?*

Vous pouvez être chargée de la tâche désagréable de demander des documents qui ont été perdus.

• *Je suis vraiment désolée, j'ai peur d'avoir égaré les documents de travail que vous nous avez envoyés pour la réunion de vendredi. Est-ce que vous pourriez nous envoyer une copie ? Ce serait très gentil à vous.*

C) EXCUSES FORMELLES

Certaines situations nécessitent des excuses très formelles. Dans ce cas, vous pouvez dire :

• *Je vous prie d'accepter toutes nos excuses pour le retard. Je suis vraiment désolée, il était impossible de l'éviter.*

• *M. Jansen vous présente toutes ses excuses.*

Il vous arrivera de décliner une invitation formelle.

• *M. Jansen m'a demandé de vous remercier pour votre invitation. Il ne pourra malheureusement pas s'y rendre il avait déjà pris un engagement.*

D) ACCEPTER OU REFUSER DES EXCUSES

Très souvent les secrétaires reçoivent les excuses d'autres personnes. Dans ce cas, elles répondent :

• *Pas de problème* (informel).

• *Oh. Ne vous en faites pas.*

• *Never mind. It doesn't matter.*

• *Never mind. It can't be helped.*

• *Oh. That's perfectly all right.*

• *There's no need to apologise. It's quite all right.*

• *Please don't apologise. There's no problem.*

Less frequently it may be in order to refuse an apology:

• *I'm sorry, but we can't accept your apology.*

• *I'm sorry but that's no excuse.*

• *This is not the first time it has happened; so I'm afraid it's unacceptable.*

• *I'm sorry but I hope this is the last time this will happen.*

• *We cannot go on like this.*

• *It's really very inconvenient.*

• *Could we please ask you to inform us earlier in future as it makes things very difficult for us.*

I'm sorry, I'm afraid I'have mislaid the documents.

- *N'y pensez plus, ce n'est rien.*
- *Ce n'est rien.*
- *Je vous en prie, ce n'est rien.*
- *Il ne faut pas vous excuser. Tout va bien.*

- *Je vous en prie. Il n'y a pas de problème.*

Plus rarement, il vous faudra refuser une excuse :

- *Je suis désolée, mais nous ne pouvons accepter vos excuses.*
- *Je suis désolée, mais ce n'est pas une excuse.*
- *Ce n'est pas la première fois que ça arrive, je suis navrée c'est inacceptable.*
- *Je regrette mais j'espère que c'est la dernière fois que ça arrive.*
- *On ne peut pas continuer comme ça.*
- *C'est vraiment très ennuyeux.*
- *Est-ce que vous pourriez nous avertir plus tôt à l'avenir, vous nous rendez les choses très difficiles.*

Je suis désolée, je crois que j'ai égaré les documents.

Chapter 9

Defending your opinion and your interests

Even though a secretary may be a past master at apologising and keeping the peace, this does not mean that she should not stand firm and defend her opinion when she is in the right. However, office life requires of everyone a certain measure of tact.

A) DEFENDING AN ACTION

Secretaries whose bosses are frequently absent are obliged to take initiatives. Some bosses are very grateful for this.

If this is the case, when they come back to the office, you can say:

• *I went ahead and booked the usual room for the monthly co-ordination meeting. I hope that is all right.*

• *I wasn't sure whether you wanted me to / if I was doing the right thing, but I sent the report to the translation department so that it will be back in time for the meeting. I hope I did the right thing.*

Your boss will probably say:

Chapitre 9

Défendre son opinion et ses intérêts

Même si une secrétaire est passée maître dans l'art de s'excuser et de maintenir la paix, cela ne veut pas dire qu'elle ne peut s'affirmer et défendre son opinion quand elle est dans son droit. Cependant, la vie professionnelle nécessite un certain tact.

A) DÉFENDRE UNE ACTION

Les secrétaires dont les patrons s'absentent souvent sont obligées de prendre des initiatives. Certains patrons en sont reconnaissants.

Si c'est le cas, quand ils reviennent au bureau, vous pouvez dire simplement :

• *J'ai pris l'initiative de réserver la salle habituelle pour la réunion de coordination mensuelle. J'espère que j'ai bien fait.*

• *Je ne savais pas si vous le vouliez / si je faisais bien, mais j'ai envoyé le rapport au service de traduction pour qu'il soit là à temps pour la réunion. J'espère que c'est ce qu'il fallait faire.*

Votre chef vous dira sûrement :

• *Thank you. You were quite right to do so. I had forgotten to remind you before I left.*

However, some bosses may reproach you with having acted without their authorisation or for having taken the wrong action. In that case you must defend your action :

• *If I hadn't*[1] *taken it upon myself to send the documents for translation, they would never have been back in time.*

• *I'm sorry but you didn't leave me any instructions. I knew that it would be easier to cancel the room than to find one at this late date. I thought I had better take the risk.*

• *Perhaps I should have asked you before you left, but I'm afraid it didn't occur to me. I simply did what I thought was best.*

• *I tried to contact you in Miami to get your authorisation / the green light / the go ahead, but I couldn't get hold of you.*

B) CONTRADICTING IN A TACTFUL WAY

When you are sure you know best, it is easier to win people over to your opinion if you remain polite and make your point gently but firmly. If you disagree with a colleague or your boss you can begin :

• *I understand how you feel / your point of view / why you are saying that, but don't you think it would be better to... ?*

• *I can see your point, but I feel that...*

• *I'm afraid I don't quite agree. I see this differently.*

• *I can understand what you are saying, but I think we mustn't forget that it takes a long time to learn how to use a new piece of software.*

• *You may be right, but my feeling is that...*

1. This situation requires rather complicated linguistic structures : past conditionals and modal verbs.

• *Merci. Vous avez très bien fait, j'avais oublié de vous le rappeler avant de partir.*

Mais certains chefs peuvent vous reprocher d'avoir agi sans instruction ou d'avoir pris une mauvaise initiative. Dans ce cas, vous devez justifier votre action :

• *Si je n'avais* [1] *pas décidé d'envoyer les documents à la traduction, ils n'auraient pas été là à temps.*

• *Je suis navrée mais vous ne m'aviez pas laissé d'instructions, je sais qu'il est plus facile d'annuler une réservation pour une salle que d'en trouver une au dernier moment, c'est pourquoi j'ai pensé que ça valait la peine de prendre le risque.*

• *J'aurais peut-être dû vous le demander avant votre départ, je dois reconnaître que ça ne m'est pas venu à l'idée. J'ai cherché à agir du mieux possible.*

• *J'ai essayé de vous contacter à Miami pour avoir votre autorisation / le feu vert / votre accord, mais je n'ai pas pu vous joindre.*

B) CONTREDIRE SANS HEURTER

Quand vous êtes sûre d'avoir raison, il est plus facile de convaincre les gens si vous restez polie et si vous faites connaître votre avis calmement mais fermement. Si vous n'êtes pas d'accord avec un collègue ou votre patron, vous pouvez commencer par :

• *Je comprends ce que vous pensez / votre point de vue / pourquoi vous dites ça, mais ne pensez-vous pas qu'il serait mieux de... ?*

• *Je comprends votre point de vue, mais il me semble que...*

• *Je suis désolée je ne suis pas tout à fait d'accord. Je vois ça d'un point de vue différent.*

• *Je comprends ce que vous dites mais je crois qu'il ne faut pas oublier qu'apprendre à utiliser un logiciel demande beaucoup de temps.*

• *Vous avez peut-être raison, mais à mon sens...*

1. Cette situation demande l'emploi de structures linguistiques complexes : conditionnels passés et verbes auxiliaires.

C) PROPOSING A SOLUTION

It is not always enough to express an opposite view and wait for someone else to find a solution. The best idea is to think of a solution yourself and to propose it. Obviously your solution will have to take into account the feelings and the interests of all the people involved. This can mean a compromise solution but it is usually better for you if your solution is the one which is accepted.

A good example of a situation in which compromise is needed is when you are asking for leave or for your holidays. Sometimes your wishes may conflict with those of your colleagues or the interests of the service.

• *I would be willing to work in July this year if I can take a month at Easter.*

• *I would like to take a day's leave on Friday and Janet has kindly agreed to cover for me and stay on late if necessary. Would that be all right ?*

Often the best way to defend your interests is to consider the interests of the service. For example, if you are asked to share an office with someone, you could say :

• *I don't mind sharing an office if there is no other way, but I think it would be inconvenient as I have a lot of visitors and so does Adrian. Things might appear a little chaotic to the clients. Wouldn't it be better to put up a partition ?*

If you have been asked to share with a colleague you do not get on with, you could suggest sharing with someone else :

• *I have no real objection, but I was thinking that my work is compatible with Janet's, so perhaps it would be a good idea if I shared with her.*

C) PROPOSER UNE SOLUTION

Il n'est pas toujours suffisant d'exprimer un avis différent et d'attendre que quelqu'un d'autre trouve une solution. Le mieux est de chercher vous-même une solution et de la proposer. Il va de soi que votre solution devra prendre en compte les positions et les intérêts de toutes les personnes concernées. C'est en quelque sorte un compromis mais en général, il vaut mieux pour vous que ce soit votre solution qui soit retenue/acceptée.

Un bon exemple de situation où le compromis est nécessaire est celui du choix des congés ou des horaires. Quelquefois vos préférences se heurtent à celles de vos collègues ou aux besoins du service.

• *Je veux bien travailler en juillet cette année si je peux prendre un mois à Pâques.*

• *J'aimerais prendre un jour de congé vendredi, Janet veut bien me remplacer et rester plus tard si c'est nécessaire. Est-ce que ce serait possible ?*

Souvent le meilleur moyen de défendre vos intérêts est de mettre en avant les intérêts du service. Par exemple, si on vous demande de partager votre bureau avec quelqu'un d'autre, vous pourrez dire :

• *Je veux bien partager mon bureau s'il n'y a pas d'autre solution, mais je pense que cela posera des problèmes. Je reçois beaucoup de visiteurs et Adrian aussi ; cela peut donner une mauvaise impression aux clients. Est-ce qu'il ne vaudrait pas mieux mettre une cloison ?*

Si on vous demande de partager votre bureau avec une collègue que vous n'appréciez pas beaucoup, vous pouvez suggérer de le partager avec quelqu'un d'autre :

• *Je n'y vois aucun inconvénient, mais je travaille sur les mêmes dossiers que Janet, ce serait peut-être une bonne idée que nous soyons dans le même bureau.*

Chapter 10

Cocktail parties, farewell parties, birthday celebrations

We are going to end this book with the most agreeable part. Professional life is interspersed with celebrations which help one to forget the fatigue and the difficult moments.

Those who work in services which neglect this type of social event must forgive us for raising the subject !

A) THE CHRISTMAS PARTY

Both the festive spirit and team spirit manifest themselves in these celebrations, whether they be birthday or farewell parties, or a drink on the occasion of someone's promotion.

Celebrations are an opportunity to meet in a more relaxed atmosphere. It is easier to get to know each other and to say things that you would not normally say.

But beware ! The atmosphere and a glass of wine can encourage you to say something you might regret the morning after, when you are back in the office.

Chapitre 10

Cocktails, verres d'adieu, anniversaires

Nous voulons terminer ce petit livre par la partie la plus agréable. La vie professionnelle est ponctuée de festivités qui permettent d'oublier les fatigues et autres moments difficiles.

Que celles qui travaillent dans des services où on néglige cet aspect social nous pardonnent de les évoquer !

A) LE COCKTAIL DE FIN D'ANNÉE

L'esprit de fête et d'unité se manifeste dans les cocktails et différentes célébrations : anniversaire, promotion, départ.

C'est l'occasion de se réunir de façon plus détendue, cela permet de mieux se connaître et de dire ce que l'on n'aurait pas dit dans un bureau. L'atmosphère et le vin délient les langues.

Prudence encore et toujours. Demain vous serez à nouveau derrière votre bureau et vous pourriez regretter une parole un peu vive.

With this advice in mind, you can greet your boss who has kindly organised a Christmas party :

• *It was very kind of you to organise the party.*

If he is honest, he will admit that his secretary has done most of the organising ; then you will say :

• *Perhaps, but it's thanks to you all the same.*

In the course of the party, you may say :

• *It's a nice way to end the year / to finish off the year.*

• *Everything is perfect as usual.*

• *Everyone managed to make it (to come), which proves there's a good climate.*

At the end of the evening you will have to thank the organisers :

• *Thank you. It was a great success.*

• *Good bye. It was a really good idea to end the year in such a pleasant way.*

• *It's very kind of you to have invited your staff. We really appreciate it.*

You might remark that it is a shame that there are not more celebrations.

Among colleagues :

• *It's a pity we don't get together more often.*

• *We should do this more often.*

• *We should see each other more often. We've been working together for six months and we hardly know each other.*

B) A COLLEAGUE'S BIRTHDAY

One of your colleagues has his birthday.

• *You can't keep any secrets from us ! We all know it's your birthday today.*

Après ces ultimes recommandations, vous pouvez saluer votre chef qui organise un cocktail de fin d'année.

- *C'est très gentil à vous d'organiser cette fête.*

S'il est honnête il reconnaîtra que le mérite en revient à sa secrétaire. Ce à quoi vous pourrez rétorquer :

- *Peut-être, mais c'est à vous que nous le devons.*

Au cours de la fête, vous pourrez échanger quelques mots :

- *C'est une façon agréable de terminer l'année / de se quitter.*
- *Tout est parfait comme d'habitude.*
- *Tout le monde a pu se libérer, cela prouve le bon climat.*

A la fin de la soirée, vous devez remercier :

- *Merci, c'était très réussi.*
- *Au revoir, c'était une très bonne idée de terminer l'année de cette façon.*
- *C'était très gentil à vous d'inviter tout votre personnel, nous y avons été sensibles.*

On peut déplorer que cela ne se renouvelle pas plus souvent.

Entre collègues :

- *Quel dommage qu'on ne se voie pas plus souvent !*
- *On devrait le faire plus souvent.*
- *Il faut se voir plus souvent. On travaille ensemble depuis six mois et on ne se connaît pas.*

B) L'ANNIVERSAIRE D'UN COLLÈGUE

Avec vos collègues, vous vous réunissez pour l'anniversaire de l'un d'entre vous.

- *Eh oui ! Tu ne peux rien nous cacher, tout le monde sait que c'est ton anniversaire aujourd'hui.*

If you give him a present on behalf of your colleagues what you say will depend on the present :

- *This is from all of us in the department. Happy birthday.*
- *I hope you will like it !*

If you are the lucky person who receives a present, a few words are called for to express thanks :

- *It's very kind of you.*
- *Oh, you shouldn't have !*
- *I really don't know what to say.*
- *Thank you so much.*
- *It's really nice.*
- *I'm very touched.*

C) A COLLEAGUE IS LEAVING

One of your colleagues is leaving the company and you have organised a cocktail party. You ask your boss to join you :

- *Mr. Jansen, we've prepared a little celebration. Would you like to join us ? We would be very happy if you could join us.*
- *It won't be the same without you !*
- *We would really like you to be with us.*

To your colleague you will say :

- *We are all going to miss you.*
- *It has been nice working with you.*
- *Do come back and see us.*
- *All the best.*
- *Goodbye.*

We wish our readers every success in their future careers.

Si vous offrez un cadeau au nom de vos collègues, ce que vous direz dépendra du cadeau.

- *C'est de la part de tout le service. Joyeux anniversaire.*
- *J'espère que cela te fera plaisir.*

Si vous avez la chance de recevoir un cadeau, dites quelques mots de remerciements :

- *C'est vraiment très gentil.*
- *Vous n'auriez pas dû !*
- *Je ne sais pas quoi dire.*
- *Merci beaucoup.*
- *c'est ravissant.*
- *Je suis très touchée.*

C) DÉPART D'UN COLLÈGUE

Un collègue quitte l'entreprise, vous avez organisé un cocktail, vous demandez à votre chef de se joindre à vous.

- *Monsieur, nous avons préparé une petite fête, pourriez-vous vous joindre à nous ? Nous serions heureux si vous pouviez venir.*
- *La fête ne sera pas réussie si vous ne venez pas.*
- *Nous aimerions que vous soyez parmi nous.*

A votre collègue vous direz :

- *Vous allez nous manquer.*
- *C'était un plaisir de travailler avec vous.*
- *Revenez nous voir.*
- *Bonne chance.*
- *Au revoir...*

Cher lecteur, nous vous souhaitons beaucoup de succès dans votre carrière.

Tests with answer key

Chapter I. Introducing yourself

a) I've come to .... the forms.
b) I've come .... the secretarial post.
c) I .... my O Levels in 1985.
d) My job entails .... the phone.
e) What are the career .... ?

Chapter II. Taking care of visitors

a) What is it .... ?
b) Would it be possible .... you to see him ?
c) What do you think .... our new premises ?
d) Mr. Jansen is .... in a meeting.
e) We do apologise for the ....

Chapter III. Answering the telephone

a) Hello. Training Department. Susan Jones ....
b) Is .... Mr. Smith ?
c) Could you put me .... to the Sales Department, please ?
d) Who shall I say is ...., please ?
e) Don't worry. I'll deal with this question myself and I'll .... you .... what happens.

Tests autocorrectifs

Chapitre I. Se présenter

a) Je suis très .... le poste que vous offrez.
b) J'ai travaillé .... cinq ans chez Eurolud.
c) Mon travail .... à taper des lettres.
d) Si vous voulez des renseignements ...., vous pouvez contacter M. Dumont.
e) Y a-t-il des .... de carrière ?

Chapitre II. Présenter et accueillir les visiteurs

a) Vous venez de .... de qui ?
b) Il voudrait vous montrer sa dernière .... de produits.
c) Il vient sur les .... de Mme Lenoir.
d) Il est regrettable que M. Jansen ne ... vous recevoir.
e) Désolée de ce ....

Chapitre III. Répondre au téléphone

a) Allo. Suzanne Jones, à ....
b) Pourriez-vous rester en ....
c) Je .... à ce que M. X ait votre message.
d) Je vous .... des suites.
e) Ne quittez pas. Je vous le ....

Chapter IV. Making and answering inquiries

a) I'd like to make an ....
b) Could you tell me the .... for applications for training courses ?
c) I've been asked to ...... the question of absenteeism.
d) Mr. Sawyer recommended that I ... in ... with you.
e) Thank you. You've been very ....

Chapter V. making requests

a) I've got a deadline to ....
b) Would you be so kind .... contact these people for me ?
c) Would you mind .... in touch with these people ?
d) I'm very .... to you for this.
e) Could you possibly do me a .... ?

Chapter VI. Expressing your opinion : satisfaction or displeasure, agreement ou disagreement

a) I'm .... to hear that.
b) I .... agree with my colleague about the canteen.
c) What about .... spaces ?
d) Why don't we .... the spaces ?
e) "First come, first ...."

Chapter VII. Avoiding indiscretion

a) He'll be .... back.
b) I'm afraid I'm not ..... to give you that information.
c) I think perhaps you had better .... him yourself.
d) I would rather you .... it with Mr. Jansen himself.
e) Mr. Jansen asked me .... to let anyone go into his office.

Chapitre IV. Demander ou donner un renseignement

a) Quelle est la date .... des inscriptions ?
b) Où pourrais-je obtenir un .... d'inscription ?
c) On m'a dit que vous étiez la personne la mieux .... pour m'aider.
d) Je voudrais avoir la .... que la réunion aura lieu.
e) Je vous suis très .... des informations que vous m'avez données.

Chapitre V. Présenter des demandes

a) Auriez-vous la .... de contacter ces personnes.
b) A .... de revanche.
c) Si j'........ promue, je pourrais utiliser mes connaissances en informatique.
d) J'ai beaucoup .... votre aide.
e) J'ai le même grade .... quatre ans.

Chapitre VI. Exprimer une opinion : satisfaction ou mécontentement, accord ou désaccord

a) C'est triste. Quel .... !
b) Je dois dire que le service est satisfaisant, dans ......
c) J'aimerais .... sur ce qu'a dit ma collègue.
d) Pourquoi .... les places de stationnement ? (à la forme négative).
e) Il faut essayer de contredire sans ....

Chapitre VII. Comment éviter les indiscrétions

a) Je .... à M. Jansen de votre regret de n'avoir pas été informé (formel).
b) Je ne vois pas en quoi ça te .... (familier).
c) Que veut dire cet intérêt .... ?
d) M. Jansen m'a bien .... de veiller à ce que personne ne rentre dans son bureau.
e) Je voudrais pouvoir vous aider, mais je ne suis pas au ....

Chapter VIII. Apologising

a) We seem to have .... the documents.
b) I'm sorry but it couldn't be ....
c) I'll see .... it straightaway.
d) She was called .... to an urgent meeting at the last moment.
e) Please accept our sincere .... for the delay.

Chapter IX. Defending your opinion and your interests

a) I went .... and booked the usual room for the monthly co-ordination meeting.
b) I can see your ...., but I feel that ....
c) I understand .... you feel, but don't you think it would be better to use the database.
d) I see this ....
e) You may be right, but my .... is that it is not the best solution.

Chapter X. Cocktail parties, farewell parties, birthday celebrations

a) It was very .... of you to organise the party.
b) We've prepared a little celebration. Would you like to .... us.
c) This is .... all of us in the department.
d) It has been nice .... with you.
e) We wish you every .... in your future career.

ANSWER KEY

Chapter I: a) pick up, b) about, c) passed/took, d) answering, e) prospects.
Chapter II: a) about, b) for, c) of, d) held up, e) inconvenience.

Chapitre VIII. S'excuser

a) Je suis désolée, cela ne se .... plus.
b) Je suis désolée, j'ai bien .... d'avoir égaré les documents.
c) Je vais m'en .... tout de suite.
d) Si vous pouviez m'envoyer une copie, ce serait très .... à vous.
e) Je suis ...., c'est inacceptable.

Chapitre IX. Défendre son opinion et ses intérêts

a) J'ai pris l' .... de réserver la salle habituelle.
b) J'ai pensé que cela .... la .... de prendre le risque.
c) Si je n'avais pas envoyé les documents, ils .... là à temps (à la forme négative).
d) J'ai essayé de vous contacter mais je n'ai pas réussi à vous ....
e) Je veux bien .... mon bureau, mais je crois qu'il vaudrait mieux mettre une cloison.

Chapitre X. Cocktails, verres d'adieu, anniversaires

a) Tout le monde a pu se ...., cela prouve le bon climat.
b) C'est très gentil à vous d'avoir invité tout le personnel, nous y avons été ....
c) Je vous remercie, je suis très ....
d) Nous aimerions que vous .... parmi nous.
e) Vous allez nous ....

CORRIGÉ

Chapitre I : a) intéressée, b) pendant, c) consiste, d) complémentaires, e) perspectives.
Chapitre II : a) la part, b) gamme, c) recommandations, d) puisse, e) contretemps.

Chapter III : a) speaking, b) that, c) through, d) calling, e) let .... know.
Chapter IV : a) inquiry, b) deadline, c) look into, d) get .... touch, e) helpful.
Chapter V : a) meet, b) as to, c) getting, d) grateful, e) favour.
Chapter VI : a) glad / sorry, b) fully, c) numbering, d) number, e) served.
Chapter VII : a) right, b) authorised, c) ask, d) discussed, e) not.
Chapter VIII : a) mislaid, b) helped, c) to, d) away, e) apologies.

Chapter IX : a) ahead, b) point, c) how, d) differently, e) feeling.
Chapter X : a) kind, b) join, c) from, d) working, e) success.

Chapitre III : a) l'appareil, b) ligne, passe, c) veillerai, d) tiendrai au courant.
Chapitre IV : a) limite, b) formulaire, c) placée, d) confirmation, e) reconnaissante.
Chapitre V : a) la gentillesse, b) charge, c) étais, d) apprécié, e) depuis.
Chapitre VI : a) dommage, b) l'ensemble, c) revenir d) ne pas numéroter, e) heurter.
Chapitre VII : a) ferai part, b) dérange, c) soudain, d) précisé, e) au courant.
Chapitre VIII : a) reproduira, b) peur, c) occuper, d) gentil, e) navrée.
Chapitre IX : a) initiative, b) valait la peine, c) n'auraient pas été, d) joindre, e) partager.
Chapitre X : a) libérer, b) sensibles, c) touchée, d) soyez, e) manquer.

Achevé d'imprimer en mars 1992
sur les presses de l'imprimerie Laballery
58500 Clamecy
Numéro d'impression : 202038
Numéro d'éditeur : 1150
1re impression : mars 1991
Dépôt légal : mars 1992

Imprimé en France